2
3
4

10

ST2
ST2010
SONY

Studio2010: にて撮影
（写真／金沢康行）

アニメ音響の魔法

音響監督が語る、音づくりのすべて

企画・取材　藤津亮太
協力　鶴岡陽太
執筆　一野大悟・細川洋平

岩浪美和
山田陽
郷田ほづみ
若林和弘
三間雅文×梶裕貴
鶴岡陽太×梶浦由記
明田川進

Yoshikazu Iwanami
Haru Yamada
Hozumi Goda
Kazuhiro Wakabayashi
Masafumi Mima x Yuki Kaji
Yota Tsuruoka x Yuki Kajiura
Susumu Aketagawa

BNN
Bug News Network

はじめに

アニメーションは「目に見えるもの＝絵」と「目に見えないもの＝音」でできている。音を消してアニメーションを見るとそのことを実感できる。

アニメーションからあるべき音を削ると、アニメーションの映像がさまざまな〝記号〟の操作によって出来上がっていることが露わになる。これは技術的巧拙とは無関係の話だ。例えばキャラクターの会話を表現する場合、日本の多くの作品は「開け口」「中口」「閉じ口」という3枚の絵を置き換えるスタイルを採用している。絵を使い集団でアニメーションを制作しようとしたとき、こうした記号化はどうしても避けて通れない。そして音は、記号化が避けがたい絵を補完するという大きな役割を担っている。

声優の演技は、記号化によりどうしても抜け落ちてしまう〝生々しさ〟をキャラクターに与え、絵を〝人間〟へと変化させる。効果音は、その場の雰囲気や、そこにあるものの素材感や重量感を伝える重要な要素で、作品世界にその世界なりのもっともらしさを与えている。音楽は、ダイレクトに観客の感情を揺さぶり、作品と観客を強く結びつける。さらに、映像では描きようのない「フレームの外側」で何が起きているかも、音なら表現可能なのである。

実写映像であれば「同時録音」という形で、その場で本当にあった「音」を録音することができる。

だがアニメーションではそれは不可能だ。だからアニメーションの音の世界は、どれも明確な意図と役割をもって映像に付けられている。

このように「目に見えるもの」と「目に見えないもの」が重なり合うことで、アニメーションに生命が宿っているのである。

アニメーションの音の世界を統括する役職が音響監督だ。監督自身が兼務する場合もあるが、多くの作品には音響セクションのトップとして音響監督のポジションが置かれている。音響監督は日本のアニメーション業界特有の役職である。本書はその音響監督への取材を通じて、アニメ音響の魅力に迫った一冊だ。本書は「アニメーションの音響とは」「音と技」「音と劇」「制作者対談」をそれぞれテーマに据えた全4章からなる。

＃0の「アニメーションの音響とは」では、アニメーションの音響制作のワークフローをもとに、音響制作の現場でどのような作業が行われているかを解説した。ここを読めばエンドクレジットで見かける音響チームの役職がどんなことをやっているかわかるはずだ。序章では、シャフト作品や京都アニメーション作品で知られる鶴岡陽太氏にお話を伺った。

＃1の「音響監督インタビュー「音と技」」に登場いただいたのは、『ガールズ＆パンツァー』などで知られる岩浪美和氏と、『シン・エヴァンゲリオン劇場版』、新海誠監督作品などで知られる山田陽氏。お二人がミキサー出身ということもあり、音響監督の仕事に限らない技術的な側面についても伺った。

＃2の「音響監督インタビュー［音と劇］」では、俳優・声優としても知られる郷田ほづみ氏と、スタジオジブリ作品や押井守監督作品などに携わる若林和弘氏にお話を伺った。こちらは章題のとおり、声優を含めた演技に関する話題の比重が高い。

取材では四人の方のキャリアを遡りながら語っていただいたので、音響制作の業界史という側面もある。

＃3の「制作者対談［音響監督／声優・作曲家］」は、音響制作におけるコラボレーションに注目した。音響監督は、声優や作曲家といかに共同作業をしているのか。一つめの対談は『進撃の巨人』などでともに仕事をした三間雅文氏と声優の梶裕貴氏による対話。もう一つの対談は『魔法少女まどか☆マギカ』の作曲家・梶浦由記氏と鶴岡陽太氏によるものだ。

また、テレビアニメ黎明期から音響監督として働いた明田川進氏に、コラムの形でアニメ音響の歴史を振り返っていただいた。

本書は、藤津亮太が編集部と相談しながら企画をかため取材を行った。企画段階から鶴岡陽太氏に相談に乗っていただいた。原稿のとりまとめはライターの一野大悟と細川洋平が行った。

アニメーションの音響について詳しく知りたい方、さらに踏み込んでアニメーション音響の世界に進みたいと考えている方のお役に立てれば幸いだ。

アニメ評論家　藤津亮太

#0 アニメーションの音響とは

#1 音響監督インタビュー［音と技］

#2 音響監督インタビュー［音と劇］

#3 制作者対談［音響監督／声優・作曲家］

コラム「アニメ音響の歴史」 明田川進

#0

アニメーションの音響とは

About Animation's Sound

アニメーションにおける音響制作は、
どのような工程で行われているのだろうか。
知っているようで知られていない音響制作のワークフローを、
音響監督の鶴岡陽太氏が解説する。
一つ一つの工程がどのような役割を果たしているかを知ることは、
音響がどのような形で観客の心に響いているかを知ることでもある。

0

アニメーションの音響とは
鶴岡陽太インタビュー

About Animation's Sound
Yota Tsuruoka's Interview

つるおか・ようた／一九五九年生まれ、東京都出身。都立武蔵高校から広島大学へ進みジャズ研究会に所属。一九八四年ウエスト・ケープ・コーポレーションに入社し製作助手として音楽・音響を担当、アニメーション音響の世界へ足を踏み入れる。フリーランスを経て一九九六年に楽音舎を設立し、後に録音スタジオのスタジオごんぐ、Studio2001:、Studio2010:を開設。ゴンゾ、サンライズ、シャフト、京都アニメーション作品をはじめ、多くの作品の音響監督を担当する。

0-1

仕事の依頼

――基本的な質問から伺わせてください。どのように音響監督のお仕事を受けられているのでしょうか？

鶴岡　まずは依頼をいただき、それを受けるところから仕事がスタートします。依頼してくるのは繋がりのある制作会社さんか監督で、依頼の際には作品の企画書を受け取ります。そこには作品に関する内容や、監督や制作スタッフの構成、そして制作スケジュールなどが書かれており、それらの内容をもとに受託するかどうかの判断をします。ここで最も大切になってくるのが、制作スケジュールです。時期によって受託の可否は大きく変わってきますから。

――お仕事の依頼はいつ頃くるのでしょうか。

鶴岡　最近は放送の三年ほど前に話がくるなど、かなり先を見据えたスケジュール感の依頼をいただくことも多くあります。とはいえ、私自身は三年後の話をされても先を読めないという感じもあって……。ただ、遅くても放送あるいは公開の一年前には話がきていますね。最近は1クールのアニメを作るのに制作期間が一年ぐらいはかかりますから。

――基本的にはこれまでの繋がりでお仕事がくるとのことですが、中には思ってもいなかった作品の話が舞い込むこともあるのでは？

鶴岡　最近だと『ウマ娘 プリティーダービー 新時代の扉』（二〇二四）の依頼があったのは驚きでした。私自身、このようなジャンルを得意としてきたわけではありませんから。ただ、山本健監督に話を聞いたところ『リズと青い鳥』（二〇一八）を観て私に依頼したとのことでした。それで『ウマ娘』では、選手同士、選手とトレーナーの関係性とその信念を主眼に置いた映画を作りたいのかと理解しました。音楽と音響効果については『ツルネ ―風舞高校弓道部―』シリーズ（第1期：二〇一八―一九、第2期：二〇二三年放映）と同じ座組みで、スポーツものとして向き合って作っています。

――鶴岡さんが関わった作品の中では、手間のかかる楽器演奏シーンが多い『響け！ユーフォニアム』シリーズ（第1期：二〇一五、第2期：二〇一六、第3期：二〇二四年放映）もかなり特殊です。

鶴岡　『響け！ユーフォニアム』は、依頼をいただいた時点でどれぐらい音楽にこだわるのかを確認しました。部活動を題材にした作品なので、音楽シーンはある程度イメージで済ませ、学園生活に重点を置いて物語を描くこともできますからね。ただ、制作サイドは「音楽ものとして作りたい」とのことでしたので、その覚悟を受け取って、音楽ものとして挑んだ経緯がありました。

――依頼の際に確認しておくことはありますか？

鶴岡　話がきた時点で、ほとんどの場合は監督が決まっていますので、監督に「この作品において、

音響監督

音響作業の全体の責任者。アフレコを中心に担当する場合は録音演出・アフレコ演出というクレジットも使われる。逆に音響設計に力点がある場合は音響デザイナーというクレジットが使われることもある。

録音

録音調整、ミキサー、整音、サウンドエンジニアとクレジットされる場合もある。音響の技術的責任者で音響監督の片腕。音声収録後の後処理や編集、音楽編集なども手掛ける。

サウンドエディター

録音した台詞などを編集する。ダイアローグエディター、音声編集とも呼ばれる。

録音助手

録音の助手。ミキサーの仕事の一部を担う。アシスタントミキサーとも呼ばれる。

音響効果

効果とも呼ばれる。効果音（Sound Effect、略して SE）を担当する。

フォーリー／フォーリーアーティスト

音響効果のうち、例えば足音や衣擦れなどの効果音を、映像に合わせて収録する。

選曲

使用する楽曲を選ぶ。楽曲の発注も行う場合もある。

キャスティングディレクター／キャスティングマネージャー

ディレクターはキャストの候補者をリストアップし、マネージャーはキャスティングにまつわる事務作業を担当する。

録音スタジオ

アフレコ・ダビングに使われる音響スタジオ。

音響制作

音響制作を行う会社。

音響制作担当

音響制作会社の作品担当者。予算管理や進行管理を行う。

作品のクレジットで表記される、音響セクションにおける主な役職とその仕事内容についてまとめたもの。作品によって役職名や担当範囲が異なる場合がある。

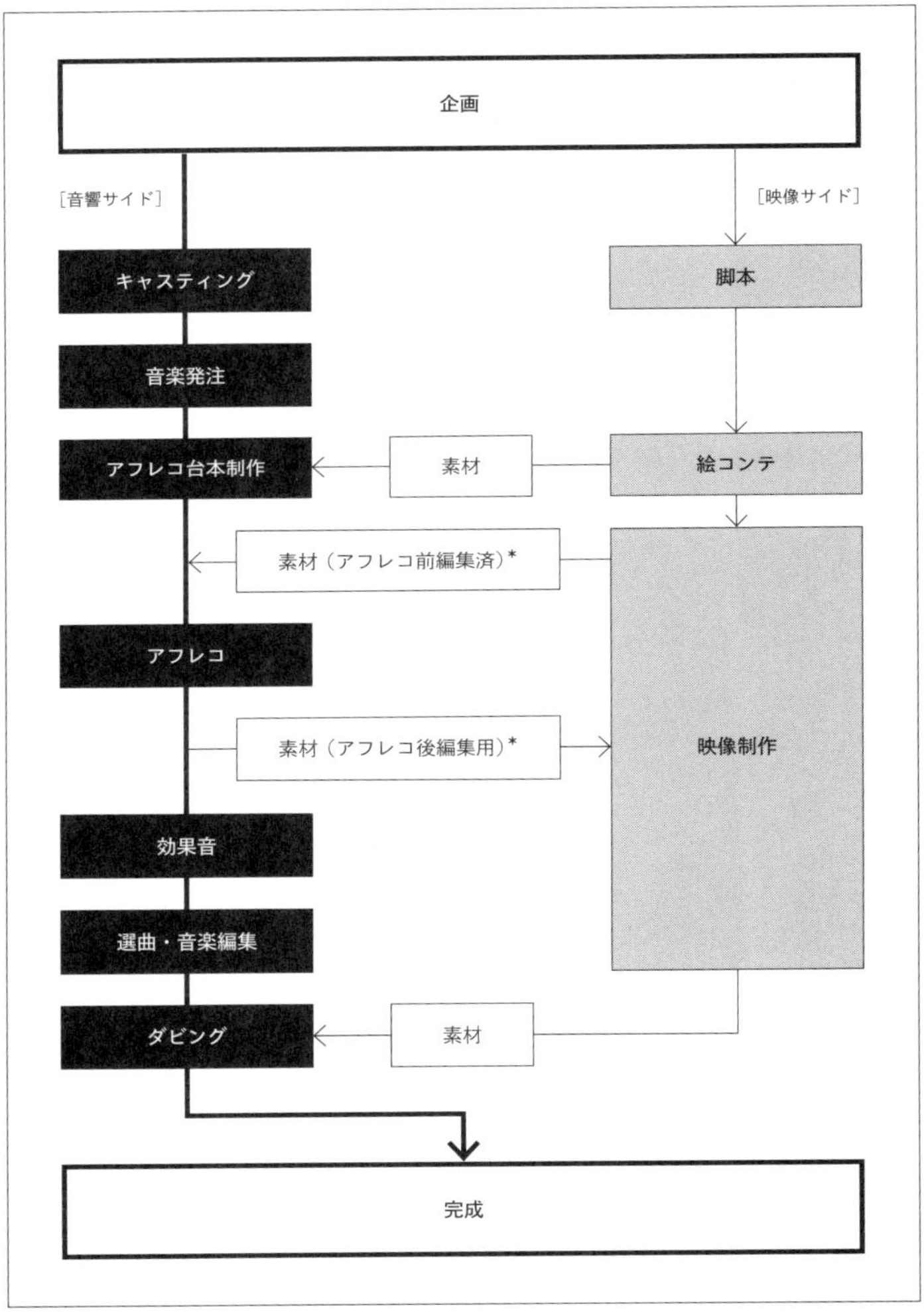

音響作業のワークフロー

アニメーション制作における、音響の制作プロセスを概略化したもの。絵素材を作る制作現場とは別のラインで、音響サイドのさまざまな業務が行われる。

＊音響作業にとって尺の編集を含めた映像素材は重要なガイドになるため、アフレコに合わせて一度編集された素材が渡される。キャストはこの素材に対してアフレコを行う。そしてこのアフレコの音声をつけた素材が映像の制作現場に戻される（収録されたお芝居を生かすように再度編集が行われ、間などが調節されて各カットの尺が確定する)。アフレコの演技を聞いてキャラクターの表情など絵素材を変更する場合もある。

どういう音響が欲しいのか」を確認しておきます。特にバンドものをはじめ、音楽を題材にした作品の場合、特殊な音の必要の有無も知っておく必要がありますね。また、SF作品であればどういった世界観なのかもヒアリングします。

　加えて、録音・再生方式もこの時に確認しておきます。これらにはさまざまな方式[*1]があり、選択肢は多いですから。

——録音・再生方式についても相談を受けることもあるかと思います。

鶴岡　ありますね。録音・再生方式によって制作にかかる金額やライセンス料も変わってきますので、作品にとって何がベストになるのか、音響監督として助言することは少なくありません。例えばイベントで流す映像の場合、私はセンターモノラルでいいという提案をよくします。大きな会場ではステレオの効果が出ずに、ただ左右に偏った音に聞こえるだけになってしまうことがありますから。

——テレビアニメの場合はどういった録音形式が選ばれるのでしょうか？

鶴岡　テレビがステレオ放送[*2]なので、ステレオで制作することが多いです。ただ、ツールがある程度出揃った二〇〇〇年代にはマルチチャンネルで制作したテレビアニメもありました。倍ぐらいの手間をかければ5・1chサラウンドで制作できるようになりましたからね。私が関わった作品だと、『OVERMANキングゲイナー』（二〇〇二）はWOWOWで、『SAMURAI 7』（二〇〇四）はBSで放送されたこともあり、後のパッケージ化も見越して5・1チャンネルで制作しました。

0-2 スタッフィング

――音響制作にあたっては、音響監督の他にミキサー、音響効果を担当するスタッフが必要となります。

鶴岡　効果さんに関しては、監督から指名で選ばれることも多いですね。作品において音楽家と同じぐらい重要なポジションになりますから。あとは効果とミキサーに各々アシスタント（助手）がつくことが多いです。アシスタントに関しては収録スタジオに所属する人だったり、効果・ミキサー自身が連れてくる人だったりとさまざまです。

――効果の方は会社に所属していることが多いのでしょうか？

鶴岡　個人と会社、半々ぐらいだと思いますね。とはいえ、会社に所属していても、会社としてではなく個人の名前で担当する仕事だと思います。

――音響制作というクレジットの方は、どういった立ち位置の方なのでしょうか？

鶴岡　音響制作は、音響制作会社の社員で、作品の予算やスケジュールなどの音響制作全般を管理する人です。例えば、私個人が音響監督として外の音響制作会社さんの作品に参加した場合、私は雇われ音響監督という立場になり、音響制作さんは「クライアント」ということになります。音響制作さんとコミュニケーションをとりながら、基本的には与えられた枠組みの中でベストを尽くすことになります。

一方で、私の会社である楽音舎が音響制作を担当する場合は、またスタンスが変わってきます。こちらは自分の裁量で予算も管理できますし、極端なことを言えば、自社から持ち出しをして予算を補填することも可能です。

――音響制作を経て音響監督になる方もいらっしゃるかと思います。

鶴岡　音響制作は音響監督のすぐそばで仕事をすることになり、その過程で音響監督の実務を見ることができます。助監督が監督の下で経験を積んで自身が監督になるように、音響制作から音響監督になるのは、キャリア形成において一般的なルートだと思います。また、音響制作の仕事は音響監督と被っている部分も多くあり、例えば、効果・ミキサーといった音響スタッフの手配やキャスティングの補助、演技事務――キャストのスケジューリングやギャランティの支払いに対する伝票処理――も音響制作が担当します。この経験は音響監督になった際も役立ちます。一方で、音響制作では純粋に音響技術的な部分は身につきません。ここは別途学ぶ必要がありますね。

――スタッフの方とのやりとりも音響監督になった際に役立つのでは？

鶴岡　そうですね。特に効果・ミキサーの方は職人気質な人が多いので、ギャラだけでは動いてくれないこともあります。そこにどういうふうにやりがいを提案できるかは大事なところです。

0-3

キャスティング

――キャストを選ぶ際、ほとんどの場合オーディションが行われると聞きます。まずは声優さんが所属する各事務所への声掛けがあるわけですよね？

鶴岡　はい。まずは製作委員会各社や監督からのリクエストを音響制作がとりまとめ、各事務所に向けてオーディションの声掛けをします。その時に音響監督としてオーダーがあれば一緒に伝えてもらいます。昨今は声優を売り込みたいという事務所も多く、音響サイドとしても、面白いと思える可能性を追求する意味で、なるべく広い間口で声を掛けています。結果的に候補者が多くなった場合は、一度テープオーディションをして事前に絞り、その後スタジオオーディションをする流れを取ります。

――オーディションの資料として、作品やキャラクターに関する内容をまとめた資料と、読んでほしい台詞（台本）が事前に参加者に渡されます。オーディション自体はどのように進めるのでしょうか？

鶴岡　まずは渡してある台詞を読んで聞かせてもらいます。そこで興味を惹かれたら「もう少しこういうのをやってみて」とお願いして深掘りしていきますね。私の場合は、その時にあまり役者さんと深いやりとりはしないことが多いです。ただ、最低限その人の個性、オーディション会場に入ってからマイク前に行くまでの立ち振る舞いは見ています。そういう部分は作品に臨む時の姿勢にも反映されると思うので。

――オーディションでは一日に何人ぐらいの方と会うのでしょう？

鶴岡　多い時は一日10時間かけて50人ほどに会いますね。一人当たり10分ぐらいです。なのでオーディションの際も「まずは聞かせてよ」というスタンスです。その中から興味を惹かれる人は限られており、これはテープであってもスタジオであっても同じですが、第一声で何か引っかかるものがないと、残念ながらそのままスルーすることになります。

――例えば監督がフレッシュなキャストを求めているのに対し、音響監督としては演技経験のあるキャストにもお願いしたい。その判断基準の差で、監督と意見が割れることもあるのではないでしょうか？

鶴岡　そのようなケースで意見が割れる時は、作品の形式によっても最終判断が分かれますね。劇場作品の場合は一発勝負になるので、あまり冒険的なキャスティングはできません。一方で、テレビシリーズでは、ある程度は制作プロセスの一環として、現場で揉みながら第6話ぐらいまでにはなんとかまとめられるだろう、といったような未来予想を含めて提案をしていきます。

――フレッシュな方をキャスティングする場合、収録に時間がかかることもあるかと思います。

鶴岡　そうですね。新人がメインのキャストになることも多いので、メインが毎回居残りで収録するというのがルーティンになることもあります。例えば『ゲートキーパーズ』（ゲーム版、一九九九年発売）の時、主人公の浮矢瞬役の櫻井孝宏さん、その幼馴染の生沢ルリ子役の川澄綾子さんはまだ新人でしたが、この二人には収録の度に毎回残ってもらっていました。その後、番組（作品）が変わるとまた別の新人がメインキャストになって居残りをする。そうやって新陳代謝がなされていたように思います。

――鶴岡さんが関わった作品だと『∀（ターンエー）ガンダム』（一九九九―二〇〇〇）にも声優経験の少ない方が多くキャスティングされていますね。

鶴岡　確かに『∀』はメインの役柄に声優経験の少ない方が多くキャスティングされていたので、アニメのアフレコに不慣れということで画とタイミングが合わないということも多々ありました。ただ、演技自体が未経験みたいな方はいませんでしたし、脇を固めるキャストはベテランが揃っていたので、不安を感じることもなく、楽しく収録することができましたね。

0-4 音楽メニュー発注

――劇伴曲をお願いするにあたり、「音楽メニュー」を作成して作曲家に渡します。そのメニューに

はどういった内容を書くのでしょうか？

鶴岡　一般的にはお願いする曲のリストを書き、それぞれの曲調を書いて渡します。例えば「戦い」のテーマであればアップテンポで激しくとか、「サスペンス」であれば重く恐ろしげな感じで、といったような内容です。あとは曲の展開や、イントロが何秒欲しいといったようなことを加えるのが一般的です。曲数でいうと1クールの作品で制作するのは30～50曲ほどです。ただ、音楽の使い方によっても発注する曲数は変わりますね。シリーズもので19曲ということもありました。

　昔は4クールのアニメが多く、後半の展開がわからない状態で音楽発注をすることもありました。そのため、予測で音楽を発注して後から使い方を考えるということもやっていました。例えば戦闘シーン用の曲を「戦い1・戦い2・戦い3」といった感じで、漠然としたバージョン違いを作ってもらい、作品の後半で新しい敵が出てきたらストックしておいた曲を使うといったような手法です。テンプレートの中で配分を考える、といった作り方でした。ただ、一年間続くような作品が減ったこともあり、こういう発注の仕方は変わってきているという印象です。

――1クール作品が増えたことが、音楽発注に影響しているんですね。

鶴岡　1クールの作品が増え、曲を使う場所も想定しやすくなりました。近年は音楽打ち合わせの時点でシナリオが最後まで完成していることも珍しくありません。そのため制作する30曲のうち、10曲ほどは最初から特定シーンのための曲としてお願いしています。先日参加した『〈物語〉シリーズ オフ&モンスターシーズン』（二〇二四）では音楽打ち合わせの時点でアフレコが終わっており、映像もかなり出来上がっていました。なので音楽を担当した神前（暁）くんと話をして、フィルムスコアリング（映像に合わせて楽曲を作っていく作曲手法）で作曲してもらいました。その方が、より精度の高い音楽を作れますから。

――鶴岡さんらしいメニューの書き方、みたいなものはあるのでしょうか？

鶴岡　私自身、三十五歳から四十五歳ぐらいまでは職業音響監督に徹していたので、当時はカチッとした形式の音楽メニューを作っていたんですよ。いわば仕様書のようなものです。転期が訪れたのは、『ラーゼフォン』（二〇〇二）で音楽家の橋本一子さんと仕事をした時でした。そこで自分の中にあった枷を外し、より価値のある音楽を作るという方向にシフトしました。音楽家が作家性をもって100％いいと思ったものを持ってきてもらえるように、曲調ではなく〝曲想〟を伝えるようになりました。

――〝曲想〟ですか。

鶴岡　はい。劇中における音楽の意味づけや、その曲が果たしてもらいたい役割を書くというものです。いわば音楽担当者へ寄せた手紙ですね。そうすると徐々に内容も精神性に寄った、抽象的なものになっていくんですが、それを書くことが、自分にとってもその作品の核を掴むプロセスになっていると思います。

音楽には機能がいろいろあって、当然ながら画面と一体になって音で盛り上げるというのはエンターテイメントとして必要ではあるのですが、最近はアクションシーンにお囃子となる音楽は必要ないとも考えています。映像（画）で激しさやスピード感が表れていてかっこよければ、無理に音楽で囃し立てる必要はないのかな、と。そうなると違う方向性で音楽を使う方が、パフォーマンスが高くなる気がしています。

——以前にお話を伺った中で、『シゴフミ』（二〇〇八）の音楽発注の際、「ミニマルで、でも少し盛り上げて」といった難しいオーダーをされていました。

鶴岡　あの作品は会話のシーンが長いこともあって、そのようなオーダーをしていました。『〈物語〉シリーズ』と同じですね。

——作曲家さんによっても依頼の仕方が変わってくるかと思います。

鶴岡　そうですね。例えば『氷菓』（二〇一二）の場合は田中公平さんに音楽を担当していただいたのですが、本作の場合はミステリー作品ということもあり、ロジカルに各楽曲の機能を説明した上で作曲をお願いしました。

——これまでにアニメーションの劇伴以外の世界で活躍されている方ともお仕事をされていますね。

鶴岡　『魔術士オーフェン』（一九九八―九九）ではシャ乱Qのはたけさん、『ナジカ電撃作戦』（二〇〇一）ではスペクトラムの兼崎順一さん、『夜桜四重奏 〜ヨザクラカルテット〜』（二〇〇八）ではレベッカの土橋安騎夫さんなど、ミュージシャンとして名前を知っている方とも度々仕事をさせていただきました。先方が劇伴の専門家ではない故の苦労もありましたが、その分いつもとは違う面白さがありました。

0-5 効果打ち合わせ

――効果打ち合わせでは、効果担当者の方と必要な音の確認をすると思います。

鶴岡　そうですね。この時に効果担当者の方から「この音が必要だと思う」という提案が大量にくるんですよ。それを音響制作に伝えて、関係各社さんに筋を通した上で、音ロケのセッティングをしたりします。ここは意外とステップが多くて大変ですね。音ロケはゲリラで行くわけにはいかないので、段取りを入念に考える必要があります。

――音ロケの収録には音響監督も同行するのでしょうか？

鶴岡　気心の知れている効果さんの場合はお任せすることが多いですね。音ロケは収録時期が限られるものも多いですから。例えば夏にセミが鳴いていると、その鳴き声が被ってしまって、狙っている音が綺麗に録れなかったりするんです。そうなると、冬のうちに集中的に収録する必要も出てきます。

『響け！ユーフォニアム』シリーズでは京阪電車という実在の電車が登場します。これは現地の京都で音ロケをして録音しました。あとは宇治川の音の収録も必要でした。川といっても、やはり多摩川とは違いますから。

——効果さんから受け取った音を聞いて驚くこともあるのでは？

鶴岡　『ツルネ —風舞高校弓道部—』の弓の音には驚かされましたね。「カン」という音がして、これが本物の弦音（つるね）なのかと。『劇場版ツルネ —はじまりの一射—』（二〇二二）では矢を放つ音や的を射る音などを際立たせるため、鳴らし方を極端にはしたものの、音に関してはほぼ加工することなく作品内で使用されています。

——少し遡ると、『serial experiments lain』（一九九八）では変圧器のノイズのような音が流れていて、作品の不穏な空気感にマッチしていたのが印象的でした。

鶴岡　交流電流のノイズの音ですね。あの作品に関しては、奇をてらったつもりはないのですが、中村隆太郎監督と「絵に描かれていない音こそ必要じゃない？」とやり取りして制作したのを覚えています。このあいだ見返す機会があったのですが、思ったより尖ったことをやっていましたね。普通の足音などもちろん付けていますが、通常の作品で付けるような音は、かなり極端にざっくり抜いています。

0-6 アフレコ準備

――アフレコの前には通常、役者さんに台本とリハーサルビデオが渡されます。リハーサルビデオの映像は制作会社が用意をしますが、アフレコ台本は音響制作会社が用意をします。

鶴岡　はい。そのためにはまず、台本発注用の絵コンテを受け取る必要があります。この時点でダイアローグ（会話や対話）がフィックスしており、必要なト書きがちゃんと書かれていることが必須です。できればそこから必要なト書きを取捨選択して台本制作会社さんに発注したいのですが……。最近はスケジュールに余裕がないことが多く、絵コンテが上がったらすぐそのまま台本制作会社さんに渡してしまうことが多いです。

アニメの台本制作会社さんは、絵コンテから必要な情報を拾って台本の形にしてくれます。これは絵コンテのト書きの意味や、後で発生する作業がわかっていないとできない作業です。なのでお願いできる会社も限られていますね。手描きの絵コンテは癖のある字で描かれていることも多く、そこから読み取って台本にするのは、まさに翻訳者のようなプロフェッショナルの仕事だと思います。

――必要なト書きにはどういったものがあるのでしょうか？

鶴岡　ダイアローグに対する指示、キャラクターの表情に関する指示などは必須ですね。加えて、カットが追えるよう、カメラワークの指示も欠かせません。一方で作画や撮影処理に関する細かな指示は必要がないので削ることになります。この取捨選択の塩梅は難しくキャリアも必要なため、信頼できる会社さんとは長い付き合いになります。

――キャストの皆さんには収録の一週間前に台本とリハーサルビデオを渡すのがルーティンだと聞きます。

鶴岡　その通りです。なかなかこのルーティン通りにいかないこともありますが、そういった状況にいかに対応するかも音響監督の仕事ですね。ただ、近年はルーティンが崩れることも減ったように思います。全てのスケジュールが、かなり前倒しで制作されるようになりましたから。

――アフレコ練習用の映像データはいつ頃から渡すようになったのでしょうか？

鶴岡　二十五年ぐらい前、ちょうど私が『∀ガンダム』や『犬夜叉』（二〇〇〇―〇四）に携わっていた頃からだと思います。当時はまだフィルム原版でしたが、原版をテレシネ変換（フィルム映像をビデオ信号に変換する作業）して、ＶＨＳなどビデオテープにコピーしたものを渡していました。それより以前は台本だけ渡して当日に通し見をして収録という感じでした。

（上）Studio2010：のアフレコブースの調整室の全景。後方にはさらに机や椅子が並び、監督やプロデューサーなどスタッフが見学・待機できるスペースとなっている。前方には左右２つずつスピーカーがある。前方の中央卓の前に録音を担当するミキサーが座り、フェーダーを調整しながら収録を行う。右横には録音助手が座り、集録された音を Pro Tools の画面で確認する。音響監督の鶴岡氏は中央卓の左横に座り、カフボックスを使用して、レコーディングブースの向こう側にいるキャストとコミュニケーションをとる。アフレコブース側へ移動して直接対面で話すことも多いため、鶴岡氏はブースを常に行き来する。

（次ページ）アフレコブースの全景。マイクが４本並んでいる。キャストはマイク前に立ち、前方に表示されているモニターで映像を確認しながらアフレコを行う。同時収録で人数が多い際には、キャストが入れ替わり立ち替わりでマイクを使用することになる。

ST2010
ST2010

（上）正面から捉えた中央卓。目視で確認すべき箇所が多岐にわたるため、常に全体に気を配りながら録音する必要がある。
（下）フェーダーの一部。１～４の数字はマイクに対応しており、フェーダーの操作によってマイクを絞ったり生かしたりすることができる。インタビューでも触れられているように、ここでのスイッチングが集音のクオリティに影響するため、非常に重要な操作となる。

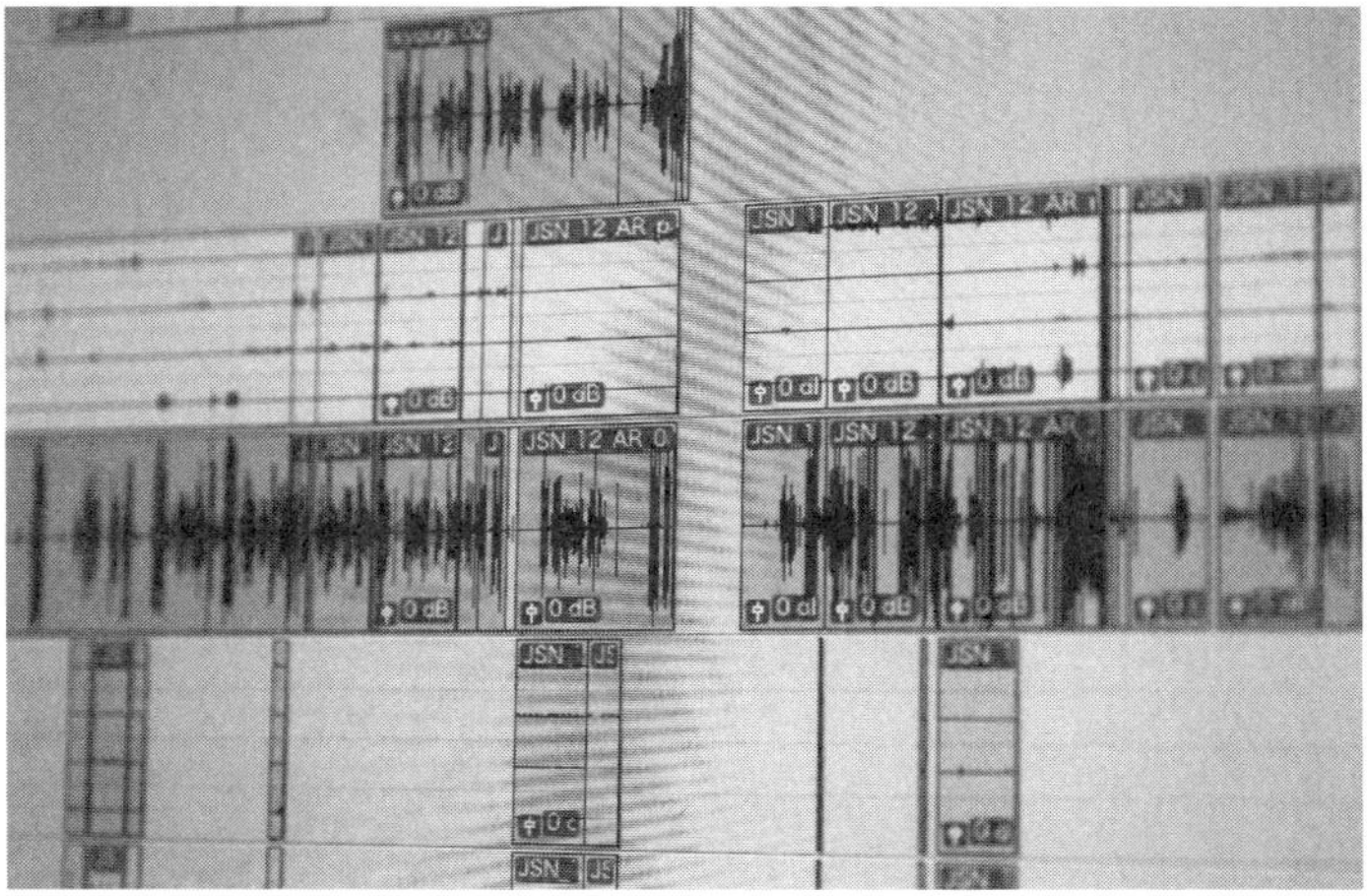

（上・下）Pro Tools（録音・編集・ミックス作業を行う DAW ソフト）の画面。ブースで収録された音を、ここですぐに確認することができる。各音源の単体データは「パラデータ」と呼ばれ、レイヤー構造のように複数表示されている（楽曲の場合、楽器ごとにデータがパラで分かれることもある）。各マイクで収録したパラデータを統合した全体の波形も見ることができ、例えばガヤと台詞がどのタイミングで被るかなども確認することができる。

TRITECH
CUE
VU

TRITECH
CUE
SOLO
1
2
3

新明解国語辞典
三省堂
新明解日本語アクセント辞典
三省堂

（上）一人用のアナブース。ドラマＣＤのボイス収録など、一人で行う収録の際に使用されることがある。
（下２つ）機材が並ぶマシンルームの一部。マシンルームの室内では温度管理が徹底されている。

（前ページ）
（上）調整室の中央卓の上にあるキューランプ。下のカフボックスのスイッチと連動している。
（中）中央卓の左横にあるカフボックス。スイッチ左の「TB（トークバック）」を押している間、アフレコブースへ声を送ることができる。右の「CUE（キュー）」を押して点灯させるとアフレコブース内にあるキューランプも点灯し、録音開始の合図になる。一度だと気づきにくいため、鶴岡氏は二度押すようにしているという。
（下）中央卓の机の左端に常備されている、『新明解 日本語アクセント辞典』と『新明解 国語辞典』。鶴岡氏が長年愛用しているもので、どちらもかなり使い込まれている。アフレコの際、言葉づかいが正しいかどうかや、発音の確認のために使われている。

0-7

アフレコ収録

――アフレコ当日はテスト、ラステス（ラストテスト）を経て本番を行います。最近はいきなりラステスということも多いようです。

鶴岡　ラステスというのは、本来は録音の段取り確認をするためという側面が強いのです。マイクが多数あると、その操作をシミュレートする必要があるので。

――マイクが多いと不都合があるんですね。

鶴岡　そうですね。収録の際に生きている（働いている）マイクは1本にしないと、他のマイクに音が回ってしまい、台詞にディレイがかかって（少し遅れて同じ音が重なって）聞こえます。だいたい3メートル先のマイクの場合だと、10ミリセカンドぐらいのディレイがかかります。すると声が曇って聞こえてしまうんですよ。

これを防ぐためには、その瞬間に生きているマイクは一つに絞るのが基本です。そのためにはミキサーが台詞ごとに各マイクのオン／オフをスイッチングする必要があります。ところがマイクが多くなるとミキサーもマイクを追い切れなくなるので、本数はなるべく最低限にするのが望ましいです。

――作品によっては登場人物が多く、収録が難しいこともあるのでは？

鶴岡　そうなんですよね。最悪の場合、別録りをするという手もあるのですが、音響監督としては別録りは避けたいと思っています。できる限り同時収録で、キャストには掛け合いで演じてもらい、掛け合いだからこそ生まれるリアクションも収録したい。そうなると通常の現場だと、マイクを4本は立てないとうまく回りません。

とはいえ以前はマイク3本が標準だった時代もありましたし、セリフに割けるトラック数にも制約があり、ガヤなども同時収録しなければならないこともありました。そのような場合はやむを得ず全てのマイクを生かした状態で、あとはブース内でバランスを取ってもらうしかありません。録音的には非常に厳しい状況ですが、逆に臨場感はあったような気もします。

――現場では台詞をいかに収録するかの工夫も大きいんですね。

鶴岡　アフレコはあくまで録音作業なので、そのためのノウハウや必要な準備もいろいろあります。信頼できるミキサーと組むことも大切になってきますね。ミキサーによって音のレベルの取り方や[*3]コンプレッサーのかけ方も違いますから。

――アニメの収録の場合、コンプレッサーはなぜかけるのでしょうか？

鶴岡　本来はSN比（信号雑音比、録音した音声全体におけるノイズの比率）をかせぐためですが、ダイナミックレンジはできるだけ広く取りたいところでもあります。あまり狭くするとつぶれた音になってしまいますから。

――アフレコでは、キャストの方もテストやラステスを経て収録に入りますね。

鶴岡　はい。アフレコ収録は、稽古に長い時間をかける演劇などとは考え方が根本的に違います。演劇の場合、細部にまでこだわって演技を組み立てて本番に臨みます。一方のアフレコ収録は、マイクの前に立ったその瞬間だけ役としてそこに存在できればよいと言えます。そして、それをうまく切り取るのが私たち音響サイドの仕事だと思っています。

――演技の収録にあたって大切にしていることはありますか?

鶴岡　私自身のキャリアの中で、時期によって変遷はあるのですが、最近では実在感のある演技を録ることが大切だと考えるようになりました。映像作品の演技における表現は、役に実在感を与えるためにあるんじゃないかな、と。役としてそこに「在って」ほしいという感じですね。その実在感を表現するためには、「ナチュラル」ではなく「リアル」が求められると思います。それが、映像作品を構築するための被写体としての演技だと思います。

――キャストの方から演技の方向性について相談されることもあるのでは?

鶴岡　そのような場合、最近のブームは「相談に対する相談返し」です。そうしないと自分の趣味に近づいていくだけですから。演技に実在感を感じられなければリテイクをお願いしますが、材料として適切な演技をもらえればそれで問題ないと判断するし、結果、すんなりアフレコが終わればそれに越したことはないと考えています。

――アフレコにおいて、演技における演出をすることと、録音のプロセスを構築すること、両者でのせめぎ合いもあるかと思います。

鶴岡　そうですね。音響監督である以上は、音響のことを最優先で考えなければなりません。そのためには演出と録音のベストバランスを探るのが重要です。一方で、近年は録音作業がデジタル化され、録音技術の簡略化が進んでいます。結果的に音響監督のテクニカル面がスポイルされつつあるのを感じるんですよ。ただ音響監督は録音方法の工夫を積み重ねて今に至っているので、そこを疎かにしてはいけないと思いますね。

0-8 選曲

――作曲家に発注して出来上がってきた楽曲を、どんなふうに選曲して映像に当てはめていくのでしょうか。

鶴岡　音楽メニューで発注する際に、すでにどのシーンでその楽曲を使うのか、用途はその段階である程度絞られています。特に、最近の1クールの作品はシリーズを通じて大きなストーリーを見せる作品が多いですから、先ほどお話ししたとおり、そのシーンのために楽曲を発注する場合も少なくありません。だから以前のテレビシリーズのように、「恐怖」や「戦闘」などそれぞれのシチュエーションに合うように劇伴を発注して、映像にそれを当てはめていくという形の選曲は減りました。おそらく他の現場でもそういう傾向にあると思います。

——逆に言うと、足掛け四年続いたシリーズの『犬夜叉』などの頃は、そういう旧来の選曲のやり方をしていたということでしょうか。

鶴岡　そうですね。『犬夜叉』はベースとなる大きな展開（四魂の玉のかけらを集める旅）がある中で、各エピソードの妖怪退治などが描かれていくという、いわばテレビドラマの王道ですよね。なので選曲はドラマに基づいて、発注した楽曲の中からオーソドックスに選んでいました。ギャグシーンもありますが、「ここでこの音を付けて笑いを取ろう」と狙った感じではなく、あくまでも日常のほっこりした情景として曲をつけました。

——ドラマに基づいてといっても、例えば「恐怖」とか「喜び」とか、あるテーマで発注した楽曲は何パターンかあると思います。そこで特定の曲を選ぶときには、なにが手がかりになるのでしょうか？

鶴岡　「恐怖」といっても、例えば主人公サイドの不安によるものなのか、敵の存在そのものに対する恐怖なのかなど、それぞれ種類やシチュエーションが異なります。そこのニュアンスの違いを考慮してあらかじめ発注しているので、選曲の際に迷うことはあまりありません。

——作品のドラマ性を想定して発注しているので、発注時のプランがちゃんと作品に沿っていれば、選曲も自ずと決まってくるということですね。

鶴岡　そのとおりです。逆に言えば、使い方がわからなければ発注ができないので、音楽メニューの発注と選曲の作業は表裏一体ということです。

選曲の際には、曲の繋がり——映像の中に置いたときに音楽的に聞こえが良いかどうか、この順番でサントラに入れたらかっこいいんじゃないか、といった一本通しての展開も考えます。例えば、厚い編成の音楽を派手に鳴らし続けると、かえって効果がなくなってしまうので、盛り上げるところと軽く聞かせるところの差をつけるなど、音の厚みや緩急を気にします。音楽的なダイナミズムを考えることは、映画的なダイナミズムを考えることに直結しています。

鶴岡陽太

——タイプの違う『ケロロ軍曹』(二〇〇四—一一)のような作品の選曲はどうでしたか?

鶴岡　『ケロロ軍曹』では選曲を担当するスタッフがいました。『ケロロ軍曹』は基本的にギャグものなので、いわゆるバラエティ番組に近い感覚の作品ですよね。ストーリーやドラマを伝えることに重きを置いているわけではなく、音楽に関してはＭＥ（Music Effect、短いスポット用の音楽で印象づけなどのために効果的に用いられるもの）の側面が強いです。そこには例えばエフェクトで曲の最後の部分のピッチを下げて笑いを誘うなどさまざまな手法があります。私にはまったく歯が立たない分野なので、選曲を任せることができて大変助かりました。

――そういったプランニングが求められるということで、選曲はセンスの問われる作業かと思います。

鶴岡　職業選曲家の人は、よりプロフェッショナルな仕事をされていると思います。例えば映像とシンクロした、カットとのフィッティングの技術なども、ずっと長けてらっしゃるはずです。

0-9 音楽編集

――映像内の決められた場所に収まるように、もとの楽曲を編集するというのが、音楽編集の工程になります。

鶴岡　そうですね。音楽を配置したいところに合わせて、音楽の構成（尺の長さと展開）を再構成する作業になります。楽曲の持ち味を活かしながら、その曲を機能させるベストな聞かせ方を考えたいので、例えばすごく長い曲をすごく短いシーンにあてる、といったような編集などはやりません。

——劇伴がないということで知られる『マクロス7』（一九九四—九五）では、鶴岡さんが音楽編集をしたそうですね。

鶴岡　『マクロス7』は音響監督の本田（保則）さんの下で、音響ディレクターという肩書きで参加しました。音楽編集については、監督のアミノ（テツロー）さんと毎週顔を突き合わせて相談しながら進めていました。

『マクロス7』のコンセプトは、その場で鳴っている以外の音楽はつけない、というものでした。だから劇伴は無し。作中に流れているのは、登場人物たちがそこで歌っている歌か、街中でどこかから流れてくる曲か、いずれにせよその空間で流れている音楽が現場音として響いているというコンセプトで、それに合わせた編集と加工が必要でした。

例えば主人公の熱気バサラがコックピットで歌っているとします。カメラがコックピットの中にあるときと、外にあるときでは、聞こえ方が変わってきます。ちゃんとそこで違いを出さないと、現場で鳴っている音楽にはならないのです。だから一つの曲がずっと流れていても途中で加工を変えて、それぞれの状況にふさわしい音の響きや細工を加える必要がありました。あとカット割りで、歌を歌っている時点とは違う時点に飛ばして時間経過を表現する場合もありましたが、その際にはちゃんと時間が経過したように、曲の少し先のところを編集して流すということもやりました。ただそのあたりは絵コンテの段階でアミノ監督が、だいたい曲のかけ方の目算を立てていたので、それを踏まえつつでしたね。そういう意味で、本作での音楽編集は、音楽的な編集というよりも、音響的な編集に近いものだったと思います。

——歌だけでドラマを支えていると、もうちょっといろんな曲がほしいというふうにはなりませんでしたか？

鶴岡　いや、そんなことはなかったです。そもそもが、歌があるんだから他の音楽をかけると邪魔になってしまうよね、というのが狙いでスタートしているので、作品が劇伴や何かで盛り上げようという作りになってないんです。そうやって歌というものがこの作品の中で特別なものであるということを際立てようとしたわけです。

——ほかに音楽編集で大変だった作品はありますか？

鶴岡　『ロードス島戦記』（OVA版、一九九〇―九一）でしょうか。本作では萩田光男さんがオーケストラの楽曲を制作され、やはり音響監督の本田保則さんの下で、音楽編集のお手伝いをしました。そのときに「手切りでは無理だ」とアナログでの音楽編集に限界を感じたのを覚えています。オーケストラの楽曲のサイズ感とシリーズとしての使用感の落差が大きく、非常にダイナミックな編集が求められました。

——手切りというと、6ミリテープを回しながら、デルマ（デルマトグラフ、ダーマトグラフ、グリー

スペンシルとも。芯にワックスを多く含む柔らかい色鉛筆）で印をつけて、ハサミでテープを切るという作業ですね。

鶴岡　そうです。テープヘッドには消去ヘッド・録音ヘッド・再生ヘッドの3つがあり、その中で再生ヘッドが音のポイントになるので、そこに印をつけて切ります。鉄製のハサミは磁性体でノイズが出てしまうので、セラミック製などのハサミを使用します。ナレーションなどはクロスフェード（複数の音がフェードイン／アウトして徐々に入れ替わる）しないので、気にせずにスパッとテープをまっすぐに切る音声編集が一般的ですが、音楽編集ではクロスフェードを付けたいので、なだらかに繋がるよう、角度をつけて斜めに切っていました。

当時普及していたSTUDERなどのレコーダーにはテープ編集用のレールがついていて、そこに角度のついたガイドがあり、それに沿ってカミソリで斜めにカットするのです。角度はまっすぐから一番なだらかな角度まで、2～3段階選ぶことができました。それでカットしたものを、スプライシングテープで裏側から貼り付けて繋ぐのです。

『ロードス島戦記』に話を戻すと、音楽が非常に豊かなものだったので、「これを音的に繋ぐことはできても、音楽的に繋げていくのは相当難易度が高い」と悩みました。手切りによる編集の限界を感じながらも、なんとか手切りで編集をした最後の作品だったと思います。以降はデジタルによる音楽編集に移行して、エディットの自由度が上がりました。

――音楽を編集する際、キーやテンポなどを合わせる必要があると思うのですが、そういったポイン

トはどのように決まるんですか？

鶴岡　音楽を聞けば編集できるポイントはわかりますよね。後はDAW（デジタル・オーディオ・ワークステーション）のスクラブ機能[*4]を使うなどして、編集点を探って編集する人が多いと思います。複雑な編成の楽曲の場合、たとえ音的に繋がっているように聞こえても、一部の楽器が弾けるような繋がりになっていなかったりすると違和感が出てしまいます。自分の経験で言うと、とにかくスコアをたくさん見て学んだということはありましたね。

0-10 ダビング

――映像と音を合わせる最終作業が、ダビングです。このダビングではどの程度の調整がなされるのでしょうか？

鶴岡　ここが音響の制作において最後の試行錯誤の機会なので、もちろんいろいろと調整が入ります。ただ、ダビングで大きな変更がある場合は事故だと思った方がいいですね。音楽に関しても、発注段階である程度選曲が済んでいるのが望ましいです。出来上がってきた楽曲が自分の想像を超えていても、それは作曲家がベストと判断したものを受け取っているわけですから、あとは使い方の問題かと思います。

――ダビングに時間がかかってしまうということもあるのでしょうか？

鶴岡　監督サイドからダビングの時に「音楽をどうしよう」といったような話が出た場合、ダビング作業が長くなることはありません。そういう時は根底から音作りを考え直すことはせず、改めて構築してみて「こうなりますが、どうしますか？」と提示しますね。これは本来の職域なので必須、という感じです。

――ダビング時に音のボリュームなど微調整をすることもあると思います。鶴岡さんは、音の大小はどのように考えるのでしょうか？

鶴岡　単に大きい音が好き、小さい音が好きという趣味で捉えるのではなく、設計された音にはワンポイントの、すべてが良く聞こえるベストのレベルが存在します。その基準レベルをベースにしますが、ときには作品ごとの個性に合わせた調整が必要になることもあります。ただ、アメリカの作品などでは映画を観ても音楽を聴いても再生レベルが統一されていて、触る必要がないんですよ。それが時代を越えて連綿と継承されていることもすごいなと思います。マスタリングの重要性を考えさせられますね。

――鶴岡さんは『劇場版 機動戦士ガンダムー／特別版』（二〇〇〇）で、一度完成している作品に対し、

（上）Studio2010:のダビングブースの全景。この部屋でも後方に椅子が多く設置され、制作スタッフと映像や音を確認しながらダビング作業を行うことができる。5.1チャンネルのスピーカーを備えている。

（次ページ）ブースの中央卓。ダビング時には台詞、効果音、音楽（劇伴）など、さまざまな音の調整が行われる。

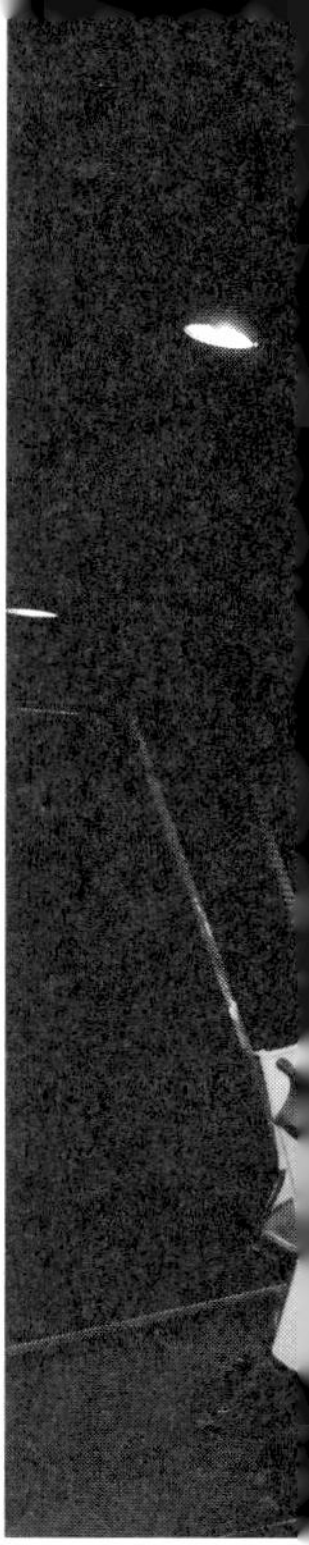

ST2010

改めて5・1チャンネルで再ダビングするという作業をされています。音響演出的には、珍しいケースだと思います。

鶴岡　『特別版』は、改めて新たな一本の映画として捉え、音響作業をやり直すというコンセプトの企画でした。台詞も再アフレコしたもので、ところどころ富野（由悠季）監督によって変更も加えられていました。効果音も新たにつけています。音楽も使用可能な楽曲——そんなに多くはなかったのですが——をもらって、ゼロから選曲をしました。この音楽は本来どこに流れるべきものなのかを自分なりに探って作っていきました。新たに作り直すということを自由にやらせていただいて、富野監督の器の大きさを感じます。

0-11

音響監督の仕事

——音響監督になるために大切だと思うことはありますか？

鶴岡　近年、監督が音響監督に求めるものがより専門的でテクニカルな方向に寄りつつあるのを感じています。なので技術面のバックボーンは身につけておいた方がよいのではないでしょうか。特に最近は音響に対する専門性は上がりつつありますからね。一方で、演技のディレクションを担う監督も増えてきて、そこが音響監督に求められることも減りつつあるように感じています。

――時代によって求められるものが変わってきているんですね。

鶴岡　そうですね。先輩方に聞くと、昔は監督が映像制作を担当し、そこから先の音楽やアフレコは音響監督に一任されていた時代もあったようです。グループ・タックの田代敦巳さんを筆頭に、マジックカプセルの明田川進さん、アーツ・プロの本田保則さん、AUDIO PLANNING Uの浦上靖夫さん、現GENの松浦典良さんたちはそういった時代から活躍され、多数の作品を手掛けられました。

そこから時代の変遷を経て、制作会社がアニメ制作全般に目を配る時代が来ます。その後に私たちの世代、テクノサウンドの三間（雅文）ちゃんや若（若林和弘）ちゃんの世代が来ました。三間ちゃんや若ちゃんは、音響制作出身ですね。そこから下の世代だと山田（陽）やはた（しょうじ）といったミキサー出身の音響監督が増えていくという変遷もありました。

――鶴岡さんは長年のキャリアの中で、ターニングポイントとなった作品はあったのでしょうか。また、どのようにキャリアを積まれたのでしょうか。

鶴岡　ターニングポイントになったのは、OVA『ジャイアントロボ THE ANIMATION 地球が静止する日』（一九九二―九八）ですね。デジタルでの音楽編集に移行して、自由度が上がったことも大きかったです。ウエスト・ケープ・コーポレーションで音楽・音響の制作をやっていた頃、『オーディーン 光子帆船スターライト』（一九八五）、『パッセンジャー 過ぎ去りし日々』（一九八七）の2作に携わり、その後18禁のアニメ映画を同世代の若い人たちとやったり、博覧会やイベントの映像仕事をやったりと、さまざまなジャンルに取り組みました。その後にやった『ジャイアントロボ』がなかったら、アニメの仕事にがっつり関わることはなかったかもしれません。

そうやって仕事を重ねるうちにスタッフの地位向上なども考えるようになり、職業音響監督として作品に関わり、それからオーナーディレクターになって自分の責任の範囲を拡大して、今に至るという流れです。私の出自はあまりメインストリームではありませんね。

——音響監督の仕事の面白さはどこにあると感じますか？

鶴岡　それぞれの作品に対して、かなり大きなバリューを果たせるのは面白さの一つですね。加えて、関わることができるタイトルの数が多いのも、この仕事の美味しいところだと思います。例えば監督が一生で関われる劇場映画が多くて20本ぐらいあるとして、対する私たち音響監督は生涯１００本の映画作品に関わるというのも夢じゃないですから。

＊1 録音・再生方式にはさまざまな方式があり、主要なものは下記となる。
【モノラル・ステレオ】モノラルは単一のトラックを用いた録音・再生のことを指す。ステレオは2つのトラックを用い録音・再生を行う。これを使い左右2つのスピーカーから微妙に差のある音が再生されることで、立体感のある音が得られる。

【マルチチャンネル】複数のチャンネルを扱うことができる録音・再生システム。

【ドルビーステレオ／ドルビーサラウンド】ドルビーステレオはアメリカのドルビーラボラトリーズ（Dolby Laboratories, Inc.）が開発した音響方式。4チャンネルの音声を映画フィルムの2チャンネルの音声トラックに記録し、専用装置で4チャンネル（センター・左・右のスピーカーに客席側のサラウンドスピーカー）音声に拡張する。一九七七年の『スター・ウォーズ』のヒットで普及した。これを家庭用でも楽しめるように開発されたのが、ドルビーサラウンドである（サラウンドには「囲む」という意味があり、聞き手の周囲をスピーカーが囲む状態を指す）。

【5・1chサラウンド】センター・左右・後方左右の5つのスピーカーと、低音域専用のサブウーファー（0・1チャンネル）で構成される再生システム。ステレオやドルビーステレオよりも、より立体感・空間感のある音響を体感できる。

【ドルビーアトモス】ドルビーラボラトリーズによって開発された音響技術。従来のサラウンドシステムよりもより精密で立体的な音響方式となっている。米国にて『メリダとおそろしの森』（二〇一二）の公開時に初めて導入された。詳細はP．81（岩浪氏インタビュー）で解説。

＊2 一般的に左右2チャンネルの音声信号の放送のこと。日本の地上アナログ放送においては一九七八年以降に普及した。

＊3 音響信号におけるダイナミックレンジ（音量の大小の幅）を圧縮する装置のこと。

＊4 DAWや波形編集ソフトなどの機能で、データの任意の場所をドラッグした通りに再生する機能。これを使ってちょうどよい編集点を探ることができる。

COLUMN

1

アニメ音響の歴史
History of
Animation's Sound

アニメ黎明期の音響の現場

明田川進

Susumu Aketagawa

あけたがわ・すすむ／マジックカプセル会長、日本音声製作者連盟理事。元・京都精華大学マンガ学部アニメーション学科教授。日本のアニメ黎明期から音の現場に携わり続ける。音響監督を手がけた作品は『リボンの騎士』（一九六七―六八）、『ＡＫＩＲＡ』『銀河英雄伝説』（一九八八）、『カスミン』（二〇〇一―〇三）など多数。アニメハックにて『明田川進の「音物語」』をＷＥＢ連載中。

――明田川さんのキャリアの始まりは一九六三年の虫プロ入社ですね。『鉄腕アトム』（一九六三―六六）の放送が始まった年でもあります。

明田川　最初は『鉄腕アトム』の作画進行になりました。その年、僕は経済学部の大学四年生で、就職活動の勉強がてら日本経済新聞を読んでいると、手塚治虫がディズニーのように虫プロダクション（以下、虫プロ）を企業化したという記事が一面に出ていました。

僕は手塚さんの漫画が好きだったので、就職先に虫プロを考えるようになりました。記事には虫プロとご自宅が同じ敷地にあるとも書いてあったもので、夏休み前にご自宅へ行ってみることにしたんです。行ってインターホンを鳴らすと、なんと手塚さんが出てくるじゃないですか。直接出てくるとは思わずびっくりしました。

――すごいお話ですね。

明田川　「虫プロの制作部長を紹介するから話してみてください」と手塚さんに言っていただき、制作部長の坂本雄作さんにお会いしました。すると虫プロはできたばかりだから人手が足りない、すぐに入ってほしいと言うんです。まだ学生でしたのですがにそれは辞退して、夏休みに予定していた旅行へ行ったんですね。すると旅行先に「虫プロから電報が来ている」という母からの電報があり（笑）、虫プロから試験を受けてみませんかというお誘いでした。その後筆記試験に受かり、面接担当は坂本制作部長。やはりすぐ入って作業をしてほしい、と。

大学は卒業したかったので、卒業に必要なゼミの試験を受けさせてもらうことを条件に、翌日から現場に入りました。絵はもちろん描けませんので制作担当の川畑栄一さんの下で働くことになり、半月も経たないうちにもう泊まり込み（笑）。ご存知かもしれませんが、虫プロのスタジオには中二階があり、実質スタッフの宿泊所になっていました。で、寝ていると人がドッと入ってくる。何だろうと思ったら試写が始まったりして。

――ラッシュの上映があったわけですね。虫プロの中二階は試写室も兼ねていたといわれる部屋でした。

明田川　手塚さんの漫画で育ってきた人間が、手塚さんのアニメーション会社に入って音響担当をやっている。でもその先、何をやっていけるかは見えていなかった。そんな時に田代（敦巳）氏に会いました。

――後のグループ・タックの創業者で音響監督としても知られる田代敦巳さんは、『鉄腕アトム』に技術進行という形で関わられています。

明田川　当時『アトム』のプロデューサーだったフジテレビの別所（孝治）さんに付いて、田代氏は音響に関する技術進行を担当していました。音響セクションを虫プロに作りたいと常々話していました。そんな田代氏の話を聞いていくうちに、僕も音響をやってみたいと思うようになっていきました。

――別所孝治さんはフジテレビのプロデューサーで『鉄腕アトム』や『マグマ大使』（一九六六―六七、特撮作品）、『アルプスの少女ハイジ』（一九七四）などを手掛けられました。『アトム』の初期には音響監督を別所さんがやっていたとのことでしたが、音響費もフジテレビが出していたのでしょうか。

明田川　いえ、音響費は虫プロが持ち、声優さんに対してのディレクションだけを別所さんが担う形です。効果音や音楽については虫プロで段取りを取っていました。田代氏としては、ディレクションも含めて全てを自分たちでやりたいわけです。それが『アトム』の後半にようやく形になり、声優さんへのディレクションも徐々に田代氏がやるようになった。別所さんも『アトム』を担当できていたのは時間的な余裕があったからだと思うんです。フジテレビ製作の作品数がまだ少ない頃でしたから。

――黎明期は映像を作る現場の方が忙しすぎたから、監督の身体が空かず、音響は可能な人に任せるわけですね。

明田川　作る人たちは絵に注力して、音に意識を向けることはなかなかありませんでした。大泉学園にある東映（動画、現東映アニメーション）さんみたいに隣接して音響スタジオがあればすぐに行けるんでしょうけど、虫プロからアフレコをする街場のスタジオまで毎回通っていったのでは一日潰れてしまいます。そのため監督は初回のアフレコを確認したら、あとは音響セクションにお任せという形になっていました。手塚さんが時々顔を出したり、途中の話数を初めて演出する人がアフレコを見に来たりすることはありました

明田川進

が、それ以外にはほとんど来ませんでした。

――そういった状況は七〇年代半ばあたりまで続きますが、七〇年代後半からは監督もアフレコに立ち会うことが増えてきます。

明田川　基本的な話になりますけど、音響監督は、監督がどういう作品を作りたいかを受けて、それをどう膨らませていくかというのが仕事です。もちろん人によって考え方は違いますから僕がそう思っているという前提ですけどね。そして、作品における監督の意志や考えを尊重する比重が大きくなるにつれ、現場に出てきて直接やり取りをしなくちゃいけなくなる。それが七〇年代後半に顕著になったのだろうと思います。

藤岡（豊）さんや西崎（義展）さんといった強いプロデューサーの舵取りで作品にまつわる多くのことが決まっていく空気だったのが、七〇年代後半に若手のプロデューサーが出てきたことで、キャリアや年齢が上の監督の言うことをきっちり聞こう、という意識に変わっていった。その流れが進んで大地（丙太郎）さんみたいに、自分で音まで全て監督したいという人も増えていく。当然の流れだと思いますね。

――藤岡豊さんは東京ムービー、テレコム・アニメーションフィルムの創設者で、『ビッグX』（一九六四―六五）などを手掛けました。西崎義展さんは『海のトリトン』（一九七二）や『宇宙戦艦ヤマト』（一九七四―七五）を手掛け、強い影響力を持ったプロデューサーでした。少し脱線しますが、アフレコ現場での役者さんへのディレクション方法はどの

ように身につけるんですか？

明田川　虫プロでの駆け出しの頃は、お芝居の勉強も全くしていない状態で、永井一郎さんに「そうじゃなくてこうだろ」と言い返されたりしていました（苦笑）。そこで劇団三期会（現・東京演劇アンサンブル）の熊井（宏之）さんに付いて、芝居の付け方を学びました。今の人は専門学校など勉強の場はいくらでもありますけど、僕たちの頃は先輩のやっていることを盗み取るしかありませんでしたから。

――現場へ飛び込んで経験して獲得していったわけですね。話を戻しますと、監督たちが『アトム』の映像制作で手一杯、音はお任せとしていたところが、徐々に落ち着いてきたのでしょうか。

明田川　そうです。一方、アメリカを見ると分業が徹底していたんですよ。音は音の人に任せる。口出しはしない。そういうアメリカのシステムを見習って、僕たちも音響監督を任された以上は、自分たちがキチッと音の表現については演出していくべきだと考えるようになりました。

岩浪美和 Yoshikazu Iwanami

山田陽 Haru Yamada

1

音響監督インタビュー［音と技］

Sound Director's Interview [Sound & Technique]

映画館における音の魅力をアピールする岩浪美和氏は、
いかにして音の伝道者となったのか。
国民的作品を多数手掛ける山田陽氏は、
いかにして監督の狙いを音に反映しているのか。
それぞれが培った「技」について聞く。

1-1

岩浪美和

Sound Director's Interview
Yoshikazu Iwanami

いわなみ・よしかず／神奈川県横浜市出身。ミキシングエンジニア、映像演出を経て、音響監督に。『ソードアート・オンライン』、『ガールズ&パンツァー』、『ジョジョの奇妙な冒険』などシリーズ作品や『BLAME!』(二〇一七)、『ニンジャバットマン』(二〇一八) など多くの劇場作品を担当。『スパイダーマン:スパイダーバース』(二〇一九)、『羅小黒戦記 ぼくが選ぶ未来』(二〇二〇) など洋画の吹替演出や音響監督も務める。また各劇場に出向き自ら関わった作品の音響の監修を行ったり、立川シネマシティで特別上映イベントを行うなど、活動は多岐にわたる。

原点にある映画鑑賞や自主映画の制作

――岩浪さんは、専門学校の音響芸術科に進学したそうですが、映像や音響に興味を持つようになったのは、どういう経緯だったんでしょうか。

岩浪　子どものころから映画が好きで、映画館にはよく通っていました。というのも家が貧乏だったので銭湯に通っていたんですが、そこに映画のポスターがいっぱい貼ってあったんです。住んでいたのは横浜の下町で、歩いて行ける範囲に映画館が十館ぐらいあって、銭湯が宣伝の場として使われていたんですね。中には裸のお姉さんのポスターもあって、子ども心に「これは自分が見てもいいものなのか?」と思った記憶もあります（笑）。そんな感じだったので、映画館の株主招待券も銭湯に置いてあって。だから僕が映画が好きだっていうことが知られるようになると、株主招待券が山のように集まるようになった（笑）。そうなるとサブスク状態なので、小学生のころから、ヤクザ映画からパゾリーニ、黒澤明までなんでも観てました。

――そこが原体験なんですね。

岩浪　その一方で――僕らの世代でないともう伝わりにくいと思うんですが――中学に入ってBCL（Broadcasting Listening）を始めたんです。海外の短波放送を聞いて、放送局にその受信報告をするとベリカード（受信確認証）を送ってくれるんです。それをコレクションするという楽しみ方です。今考えると何がおもしろいのか、よくわからない趣味なんだけれど（笑）。あるいは友達とギターを持ってバンドやってみたり。で、高校に入って友達と8ミリで自主映画を作るようになり、自分で監督もしました。あと友達が監督した映画の音を作ることも引き受けました。それがおもしろかったんです。

――その映画は効果音をつけたのでしょうか。

岩浪　効果もそうだし、音楽も自分たちの演奏を録音して、フィルムに合わせました。結果として、今やっているようなことをやったんです（笑）。そんな感じだったので、進学先を考えなくてはいけない時期になって自分が興味を持ってやってきたことを振り返った時、漠然と「音なのかなぁ」と思い、進学先を決めたのです。

――それで音響芸術科に進学したわけですね。

岩浪　映画などの映像メディアについて勉強できる大学に進学したい気持ちはありました。でも当時、そういう学校は日大と大阪芸大しかなくて。大阪芸大は遠いし、一人暮らしをしなくてはいけないので経済的に難しい。日大は、倍率がすごく高くて30倍ぐらいあって当然落ちました。おそらく浪人しても無理だろうということで、専門学校の音響コースに入ったんです。ただ専門学校に入っても、正直、自分が何をやりたいかはわからなかったです。だから当時は映画ばかり観ていました。学校に行ったふりをして、名画座で六百円三本立てみたいなプログラムを観て、帰宅するとか。そんなことをしていたから当然、出席日数が足りなくなり、三ヵ月の卒業延期になっちゃったんです。

――三月に卒業できなかったわけですね。

岩浪　先生に「卒業したいのか」と言われて、学費を稼いでくれた母にも悪いし、「卒業はしたいです」と話したところ、レポートを一本提出したら卒業証書を出してやると。で、そのレポートを提出に行ったら、学校のアシスタントの人と会ったんです。「就職あるのか」「卒業もできなかったのにあるわけないです」「なにやりたいんだ」「映像の音関係をやりたいです」……そんなやりとりをしたところ、「求人が来ているぞ」と。それで翌日、その会社に面接に行って、さらに翌日から働き始めることになったんです。それが赤坂にあるプロセンスタジオでした。

――仕事としては、どんな仕事から始まったんでしょうか。

岩浪　プロセンスタジオは、吹替なども手掛けていましたが、僕が入ったころは、MA（Multi Audio、映像完成後の音響作業のこと）中心に業務を拡大していくタイミングでした。ただMA部門は、チーフミキサーと自分含めたアシスタント二人の計三人で回している状態で、まだ零細なスタジオでした。当時はアナログですから、まずはフィルムの映写機の使い方や、テープレコーダーの扱い方を覚えるところからのスタートでした。今みたいなDAR（Digital Audio Recordings）はなく、2インチ幅で16トラック収録できる、マルチトラックテープを使って、それをVTRにシンクロさせながら音作業を行っていました。そして一年間、アシスタントをやったところで、会社のいろいろな状況から「お前がチーフミキサーをやれ」と命じられまして。入社二年目でチーフミキサーをやることになってしまったんです（笑）。

――そのときはどんなジャンルの作品を担当していたんですか。

岩浪　テレビ番組が中心で、そこでは本当にすべてのジャンルをやりました。代表的なものだと『ニュースステーション』（テレビ朝日系で人気だった夜のニュースショー）の特集コーナーのビデオなどですね。テレビ朝日は六本木にありますが、周囲の編集スタジオや録音ステージはすでにみんな埋まっていて、それで赤坂のプロセンスタジオで作業していました。バラエティもやりましたし、映画の吹替、アニメ、アダルトビデオもやりました。そんな仕事を五年ぐらい続けていましたが、忙しかったですね。特にテレビの改編期は大変でした。改編期には二時間の特番の仕事が入ったりするんです。

番組のディレクターは、コーナーごとに立っているから入れ替わり立ち替わりでディレクションするのですが、こっちは一人ですからね。番組全体の総合演出の方はずっと立ち会ってますけど、だいたい寝てます（笑）。肝心なところだけ起きて指示するんですが。

音の演出を考えながら取り組んだドキュメンタリーの仕事

――印象的だった仕事はありますか？

岩浪　ドキュメンタリーの仕事ですね。当時はバブルの時期で、企業も元気だったので海外ロケをする大型ドキュメンタリー企画がいろいろあったんです。その頃にドキュメンタリー系の制作会社の、全部と仕事をしたと思います。というのも――自分で言うのはなんですが――「プロセンにいいミキサーがいる」というふうに業界で言われていたようです。ドキュメンタリーは、作家性が強いディレクターが時間をかけて撮っているものですから、仕上げにも気合が入っている。それに対して僕は、小学生のころから学生時代までたくさん映画を見てきた蓄積があったので、「このドキュメンタリーにおいて、一番効果的な音ができる演出はなんだろう」と考えて、現場に入っていました。だから演出的な視線で音の効果を提案することが多く、それが評判につながったようです。

――演出的な視線での提案ですか。

岩浪　通常、MAミキサーはそういうことはしないんです。ナレーションと現場で録った同時録音（同録、撮影と同時に録音された音声）の音、音響効果（音効）・選曲さんによる効果音と音楽を、シンプルにミックスするだけ。でもディレクターさんが書いたナレーションを読むと「ここが番組の肝だ。ここが一番伝えたいポイントなんだな」というところが読み取れるわけです。ならば、それをどういうふうに聞かせたら効果的になるだろうか、ということを考えるんです。例えば、同録で現地の音がずっと入っているけれど、ナレーションが入る前だけスッと絞って無音の状態を作った上で、ナレーションを聞かせる。そうすればナレーションが際立ちますよね。そういうことをやっていました。

——それで猛烈に忙しかったわけですね。

岩浪　そうなんです。それで六年目になったら、ミキサーという仕事をやり尽くしたような気持ちになりました。そこからいろいろなことに手を出すようになって、友達も増えて。ニューウェーブのバンドと仲良くなって、会社の機材を使ってノーギャラでライブビデオを作ったり、映像演出の仕事も始めたんです。CMや企業PV（VP）も作りました。NHK教育（現在のEテレ）の子ども番組『ひとりでできるもん！』の最初のころも演出で参加したり、実写のビデオ作品の監督もしていました。

——そこからアニメ音響の方向に進んだのはどういうきっかけだったのでしょう。

岩浪　映像演出と会社の仕事を同時進行でやっていたんですが、会社を辞めた時、子ども向け番組で一緒に仕事をしていた方が、アニメ音響の仕事を勧めてくれたんです。

——それまで仕事の上でアニメと接点はありましたか？

岩浪　プロセンスタジオは、親会社がテレキャスジャパンという『モンティ・パイソン・アンド・ホーリー・グレイル』（一九七九）なんかを配給していた会社だったので、吹替の仕事も多く、アニメもやっていました。両方やられていたのが、自分の師匠だと思っている音響監督の山田悦司さんでした。ミキサーとして一緒に仕事をしていて当時から「この人すごいな。うまいな」と感じていました。そこで門前の小僧みたいな形で学んでいたこともあり、アニメ音響の仕事を本格的に始めることになりました。当時はＯＶＡ（オリジナル・ビデオ・アニメ）が盛んで、若い監督さんが次々登場している時代でした。若い監督さんの間に、ベテランの音響監督さんよりも若手の音響監督とやりたいという気分もあったようで、そこに需要がちょっとだけあったんです。

――テレビアニメは『ダッシュ四駆郎』（一九八九―九〇）からですよね。

岩浪　そうですね。その前にＯＶＡを何本か担当した記憶もあるんですが、あまりはっきり覚えていないです。音響監督のクレジットで、自分の名前の下に「山田悦司演出グループ」って入っているんですが、これは僕になんの実績もないから、関係者に信頼してもらうために、山田さんのお弟子ですよということで１００％名前を借りたものでした。

――音響監督の仕事はどうでしたか？

岩浪　『ダッシュ四駆郎』の主役は野沢雅子さんなんですよ。子どものころから声を聞いている方じゃないですか。その仲間も玄田哲章さん、関俊彦さんと錚々たるメンバーで。「自分が野沢さんたちに何をディレクションできるんだろう」という状態でした。だから当時は下手くそなりに、探り探りやっていました。音響監督を始めたころは、まだ映像の仕事も並行していました。でも三十歳を超えたあたりで、音響監督の仕事が増えてきたんです。結婚して子どもが生まれたというタイミングもあって、家族を養うなら安定している音響監督のほうがいいだろうと、次第にそっちに進んでいった感じです。

音楽編集の自由度を飛躍させたステムデータ納品

――そこからさまざまな作品を担当されて現在に至るわけですが、音響監督の仕事を始めてからの大きな変化として、音響作業のデジタル化という大きな変化もあります。

岩浪　デジタル化というか、Pro Tools[*1]が普及したことでデジタル化のメリットがはっきりしたという印象です。それがだいたい二十年ぐらい前のことでしょうか。フィルムのころのダビング作業は徹夜が普通だったんですよ。それに比べるとPro Toolsの導入で格段に効率がよくなって徹夜がなくなった。それは大きかったですね。技術は日進月歩なのでデジタル化以外にも細かい変化はいっぱいありますけれど、テレビアニメの音響作業では、そこが一番大きな転換点でしたね。

――アニメの制作現場の仕上・撮影のデジタル化が二〇〇〇年前後に進んでいますから、それのちょっと後ぐらいに変化があったわけですね。フィルム時代のダビングというのは、どういう環境で行っていたのでしょうか。

岩浪　35ミリというフィルムと同じサイズの録音テープ（シネテープ）を使う、シネコーダーというレコーダーがあります。それを複数台使い、そこから効果音や音楽をヨーイドンで同時に再生して、フィルムロールごとに生でミックスを行っていました。効果音だけでシネコーダーを4〜5台使っていましたね。そこで出来上がったものの効果音に注文が入ると、その効果音のテープを外して、シネテープに別の音をコピーしたものに取り替えて、またダビングをやり直すことになります。ダビング作業だけで数時間はかかり、この繰り返しで徹夜になってしまうんです。

――Pro Toolsの普及で作業時間の効率化が進んだわけですね。

岩浪　そうです。そういえばその頃、僕が日本で最初に始めたことがありました。

――それはどういうことなんですか？

岩浪　『BLOOD+』（二〇〇五―〇六）をやっている時の話です。音楽はハンス・ジマーの弟子のマーク・マンシーナでした。マークさんは、『スピード』（一九九四）やディズニーの『ターザン』（一九九九）を手掛けた実力派で、デモも素晴らしかったですね。サンプリング音源でオーケストラ曲を作ってきたんですが、ハンス・ジマーが率いるリモートコントロール・プロダクションでは、ロンドン交響楽団の音を独自にサンプリングした音源を使っているそうで、「これでもう完成しているんじゃないの？」と思えるぐらいの出来栄えでした。で、デモにも驚いたんですが、一番驚いたのは音楽が完成して納品の時です。マークさんから納品された素材は、ステムデータと呼ばれる弦、金管、木管、打楽器などパートごとに音が別になった状態だったんです。当時、日本でそんなふうに納品をする人は誰もいませんでした。それで僕も慌てて個人でPro Toolsを買って素材を聞けるようにしました。

――ステムデータになることで、どういう変化があるのでしょうか。

岩浪　ステムデータでもらえると何がいいかというと、音楽編集の自由度がすごく上がるんです。テレビアニメの音楽は、映画と違い、こちらからお願いした音楽メニュー（音楽発注リスト）にしたがって制作されます。そして本編映像に合わせるときは、長さなどがうまくはまるように編集して使うことになります。2トラックで録音された素材は、こういう時に長さを調節するぐらいしかできません。でもステム納品だと、弦はここで繋ぐけれど、管楽器は別のところで繋ぐとか、あるいはほかの曲のデータから特定のパートをもってきて繋いだりもできる。また、「ここのラインベル、ちょっと可愛すぎるから、このシーンで使う時は外そう」なんてこともできる。これはいい、と思いました。ステムを駆使してそういう音楽編集をしたのは、僕が最初だったんじゃないかと思います。なので以降は、作曲家さんには「ステムで納品してください」とお願いしています。当初は嫌がられました。ミックスダウンに余計に一〜二日はかかって手間ではあるので。でも今となっては、それが業界で当たり前になって、皆さんやっていただけるようになりました。

岩浪美和

映画館でよりよい音を出すために

――今回お話をうかがいたいと思った理由の一つに、岩浪さんが近年、映画館の音をグレードアップする活動を行っていることがあります。この活動は集客増にもちゃんと結びついています。こういう意識はいつごろから生まれたのでしょうか。

岩浪　自分の関わった作品を映画館で観ることがあるわけですが、アニメ映画の音って、長らくまともに出してもらえていなかったんです。それはまず、アニメというものは基本的に子どもが見るもので、小さいお子さんには医学的な意味でも大きな音を聞かせちゃいけないんだ、という考え方がありました。だから音が基本的に小さめに抑えられていたんです。そういう経緯があったから、アニメというだけでほとんどの映画館がショボショボの音で上映していたんです。だから自作を見るたびしょっぱいなぁと思っていました。

実写映画の場合、封切り日に映画チェーンのフラッグシップ館に、カメラマンと録音さんが足を運んで上映状態をチェックするという習慣があります。そこでカメラマンからはフレームがおかしいとか画面が暗いとか、録音部からは音が小さいとか、自分たちが作ろうとした映像に近づけるために注文をつけるんです。僕も実写映画の音の仕事をしたときには注文をつけましたが、アニメのほうにはそういう習慣ってないんですよ。だから映画を作るたびに、スタッフの間で「あの映画館で見たけど、音がよくなかった」とか話をするだけで。そういう意味で、アニメ制作の現場の人って、映画館の上映状態に不満を持っている人は多かったんですよ。

――アニメの撮影監督さんが、公開時のキャンペーンなどで映画館に足を運ぶたびに、「もっと明るくしてほしい」とお願いをしたという話も聞いたことがあります。

岩浪　そういう状況の中、転機となったのが『ガールズ&パンツァー 劇場版』（二〇一五）です。『ガールズ&パンツァー』（二〇一二、一三）は、テレビシリーズがBlu-rayになる時、オーディオ専門雑誌などで「テレビ作品とは思えない迫力の音である」というマニアックな取り上げ方をされ、その段階から注目を集めていました。というのもテレビシリーズのときから、音響効果の小山（恭正）くんと「もうダサい爆発や発砲音は止めようぜ」という話をしていたんです。昭和から使われているような「ズキューン」とか壁に当たったら「チュイン」というようなお馴染みの音ではないものにしよう、と。

――そういう効果音に対する感覚はどこで養ったんでしょうか。

岩浪　先ほどお話しした通りプロセンスタジオは吹替をやっていたので、ハリウッド映画をはじめとするさまざまな洋画の音響素材をスタジオで直接聞くことができたんです。『スター・ウォーズ』の吹替版の作業をしているときには、こっそり素材の音を聞きました。そうして聞いてみると、TIEファイターの通過音はトラックの音だ、とかわかってくるんです。再生スピードを変えることで、いろんな音を作り出していたんですね。ベン・バート（『スター・ウォーズ』に参加したサウンドデザイナー）は憧れの人でした。そういう経験から、トガッた音付けをしようと考えるようになりました。

――さきほど「ダサい音」というお話がありましたが、「ダサい音」と「トガッた音」は具体的にどこが違うのでしょうか。

岩浪　日本映画でよく聞くダサい音と、ハリウッド映画の音のなにが違うのかというと、端的に言えば「アタック」のあるなしです。例えば発砲する「ドーン」という音の頭に、カンとかキンというアタックの音を鋭く、100デシベルぐらいの大きな音でつけるんです。それで印象がまったく変わります。100デシベルというのは、線路の高架下とか削岩機を使っている工事現場の音なんですが、一瞬であれば、そこまでうるさくは感じない。もう一つ足りないのは重低音。近所で花火を打ち上げていると、空気が震えて体も振動を感じますよね。そうやってアタックの音と、振動として感じる重低音がちゃんとあると、効果音が記号じゃなくなるんです。

小山くんとは以前から、一つの作品が終わるごとに「もっとこうすればよかった」というような話をしてきました。その流れがあるからテレビアニメ『ガールズ&パンツァー』のタイミングで、テレビでもいい音で聞けるようになってきたから、今回はアタックのある効果音でいこうぜ、という話をしたんです。そして立川のシネコン・シネマシティがやっている「極上爆音上映」は、そのアタックや重低音をきっちり感じられるようなセッティングになっているわけです。

――効果音の中にも、かっこいい音をつくるための演出があるんですね。

岩浪　要は「もっともらしいウソ」をどうつくか、ということです。ポイントは少し大げさにすること。拳銃だったらライフルの音を混ぜるとか、ライフルだったら、もうちょっと口径の大きな音にするとか。

『ガールズ&パンツァー 最終章』第4話
音響監督：岩浪美和

大砲も同じで、画面に出てくるものより口径の大きな大砲の音をつけてあげると、それらしさが伝わるんです。そういうことはハリウッド映画では昔からやっていることなんですよ。『ガールズ&パンツァー』の放送当時はそういうことができるぐらいテレビのラウドネスの基準がふわっとしていたので。

――ラウドネスというのは、なんでしょう。

岩浪　テレビ番組の全体の音量のことですが、それについてこのレベル内に収めなさいという基準があります。ただそれがそこまで厳密に運用されていたわけではなかったんです。だからアタックの大きい音を入れても、一瞬だから、VUメーターを見てる放送局の送出の人には怒られるけど、全体としては問題がなかった。そのあたりにAVマニアの人が気がついて、『ガールズ&パンツァー』をちゃんと再生できれば、いいオーディオシステムだという形で評判になったんです。

――そういうことがあったんですね。

岩浪　それもあって『ガールズ＆パンツァー　劇場版』の時に、湯川（淳）プロデューサーに「いわゆる爆音上映のようなことはやらないんですか？」と聞いたんです。そうしたら「立川にあるシネマシティでやります」と。それで音を調整させてもらったんです。結果、劇場版は一年以上（三七〇日）のロングランとなり、シネマシティだけで三億円の興行収入を挙げることになりました。『スター・ウォーズ』よりも『ガルパン』のほうがお客が入った、世界で唯一の劇場ですよ（笑）。これで映画館におけるアニメ映画の音に初めて――初めてと言っていいと思うんですが――スポットが当たったんです。これは大前提として映像が素晴らしかったことがありますが、劇場を訪れたお客さんがみんな「自宅のテレビではこの音を聞けない」と思い、その気持ちをＳＮＳに投稿してくれたんです。ここをきっかけにいろんな映画館に呼ばれるようにもなりました。そうしてあちこちの映画館に行って、スタッフの方に接してみると、映画館のほうでも、映画が好きで、もっと良い状態で作品を届けたいと思っている人が大勢いることがわかってきたんです。

――そこに意識を持っている人とちゃんと繋がることができたわけですね。

岩浪　こうして日本中の映画館に直接行って調整をして、「いい映画の音ってこういうものだぜ」ということを実際にやるようになりました。つまり産地直送ですよね（笑）。映画を作った本人が、責任を持って監修した音ですよ、と。こういう「産地直送」スタイルも、日本で最初だったと思います。……そうこうしているうちに、映画館でもまた新しい音の革新が始まりました。

ドルビーアトモスに対応した音づくりの挑戦

――音の革新とはなんだったのでしょう。

岩浪　『ゼロ・グラビティ』（二〇一三）が公開された時、ドルビーアトモス（Dolby Atmos）で観たんです。その時、これは間違いなくハリウッドを中心に、映画先進国の音の共通フォーマットになるだろうと確信しました。これからはこのフォーマットで作らないと、海外作品と戦えなくなるぞ、と。だからなんとしてもドルビーアトモスで作りたかった。でも、当時のほとんどのアニメは、製作委員会の幹事社がビデオメーカーで、Blu-rayの売上によって収益を上げて資金を回収するビジネスモデル。映画館よりBlu-rayが最終的なゴールだから、コストをかけてBlu-rayにドルビーアトモスの音を入れたところで、日本中の何人が見られる環境を持っているのか。よほどのオーディオマニアでもないかぎり難しいでしょう。制作費はアトモス分だけ余計にかかるわけだからこそ、その分の利益が確保される必要がありました。

――ビデオメーカーにとってはBlu-rayソフトこそが最終商品だから、アトモス対応にするメリットを感じなかったわけですね。

岩浪　そうです。一方で自分は、お金を稼げないとアトモスができないのであれば、自分自身の知名度を上げようと考えるようになりました。「映画館で金の稼げる音響監督」として少しでも知られるようになれば、アトモスで制作させてくれるところが出てくるだろうと。自分が調整した劇場で、作品にちなんだ「サウンドネーム」をキャッチフレーズ的に命名するようになったのも、少しでも音を意識してもらいたかったからです。現地に行った時に映写技師さんや劇場支配人と一緒に写真を撮って、メッセージとともに劇場のサイトにアップしてもらったのも、責任者が自分だというのがわかったほうがいいだろうということです。普通の人にはスペックで説明してもわかりづらいから、道の駅で売っている野菜と同じ方法です（笑）。宣伝にお金がかけられるわけではないので、そうやって地道に宣伝をしていったんです。そして『BLAME!』（二〇一七）の時に、ようやく「アトモスでやりましょう」と言ってもらえました。

――とはいえ『BLAME!』は決して大作映画ではないですよね。

岩浪　はい。予算も大きくないし、公開もミニシアター中心で全国二十数館程度。上映期間も二週間限定です。そこでプロモーションとして「音を売りにしましょう」という提案をしたんです。『ガールズ&パンツァー 劇場版』の時に、全国各地の映画館さんと繋がりができており、そのツテで『BLAME!』の地方の上映館を決めることもできました。そういうプレゼンをしたところ、ポリゴン・ピクチュアズさんも「じゃあ、アトモスでやりましょう」と提案に乗ってくれたんです。当時は国内よりも海外で知られている度合いが高かった制作会社でしたが、考えも進歩的でした。また『BLAME!』はNetflixの配信と同時に劇場公開という流れになっていて、Netflix側もドルビーアトモスでの音作りを推奨している「ドルビーアトモスホーム」というフォーマットで配信できる体制があったことも後押しにはなりました。こうしてイオンシネマ幕張新都心、名古屋のミッドランドスクエアシネマ2、それからアースシネマズ姫路という独立系シネマコンプレックスを含む三館で日本初のドルビーアトモス作品として公開することができました。

――『ガールズ&パンツァー』のテレビから始まる積み重ねがあればこその「日本初」ですね。

岩浪　それが結構、危なかったんですよ(笑)。3DCGアニメの『バイオハザード：ヴェンデッタ』(二〇一七)がやはりアトモス版を作っていて、こちらの公開が一週間後だった。だからギリギリ、タッチの差での「日本初」でした(笑)。

アトモスと一口に言っても、いろいろな形があります。『BLAME!』のように最初からアトモス前提で音響設計した映画はネイティブ・アトモスと呼ばれます。一方で最初に5・1チャンネルで音響設計した後に、アトモス用のオブジェクトトラックを加えてアトモス化した、ネイティブじゃないアトモスもあります。それでもアトモスとは名乗れるんです。洋画大作を見ていても、オブジェクトトラックが10個も入っていないアトモス作品があったりするので、これで追加料金二百円を徴収するのか、と思うこともありますすね。

――ここでドルビーアトモスについて、技術的な説明をお願いしたいです。アトモスは、空間オーディオと説明されることもあります。

岩浪　まず現在の基本的な映画音響フォーマットですが、これはドルビーデジタル5・1チャンネルというものです。このフォーマットができたのは、三十年ぐらい前のこと。前方スクリーンの裏に、右と左とセンターの三本のスピーカーを置き、壁面の右側後ろと左側後ろに二本のスピーカーを配置します。さらに100ヘルツ以下の重低音を再生するためのスピーカー（サブウーファー）を加えます。これで前後のスピーカーが合わせて5本、それにサブウーファーを0・1と考えて、5・1チャンネルと勘定します。その後6・1チャンネル、7・1チャンネルというバージョンアップも行われましたが、基本の考え方は三十年から変わっていません。ある程度の立体的な音響設計はできますが、後方からの音は基本的に〝面〟でしか出せない。

——アトモスのほうは設計の考え方からして違うわけですよね。

岩浪　なにが違うかというと、オブジェクトトラックの存在です。オブジェクトトラックは、鳴らしたい音に対して位置情報と時間情報を持っている特殊なトラックです。アトモスでは、メインの正面のスピーカー以外に、側面、後方、天井にもスピーカーが設置されていますが、オブジェクトトラックはこのスピーカーをコントロールして、映画館内の任意の空間に音を置くことができるんです。アトモスは映画館の空間を縦1000個、横1000個、高さ1000個の合計10億個のブロックに区切っていて、位置情報で指定された任意のブロックを決め、そこに音を置くことができる。そして時間情報もあるから、時間経過に従って音を、別のブロックへと〝点〟で動かすことができるんです。これは映画館の中に10億個のスピーカーがあるのと同じです。ドルビーアトモスを、イマーシブサウンド、没入型の音響ともいいますが、5・1チャンネルでは「なんとなく後ろに音があるよ」というぐらいだったものが、本当にその場にいるような臨場感ある音作りができるようになったんです。

――実際に『BLAME!』で作業をしてみていかがでしたか。

岩浪　『BLAME!』のような3DCG作品とアトモスの相性がいいことがよくわかりました。手描きアニメだと、キャラクターがフレーム・インやフレーム・アウトする時、どうしても移動が平面的なんです。ところが3DCGだと、斜め後ろからなど立体的な軌道を描いてフレームに飛び込んできたりする。そうするとフレーム外から聞こえる音を使う効果が出てくるので、とてもアトモスにしがいがあります。『ガールズ&パンツァー』も現在『最終章』シリーズが順次公開中ですが、戦闘シーンは全部3DCGなので、アトモスに向いています。特に『最終章』第4話はすごいことになりました。

――『最終章』第4話は終盤に雪の斜面を滑り落ちていく複数の戦車が戦うという、ものすごいシチュエーションがあり、その中に非常に長いPOV（一人称視点の映像）カットもあります。

岩浪　一連の戦闘シーンはものすごく画面の情報量が多いです。それに対してアトモス版では、音がフレーム外の様子を結構補完していることがはっきりわかります。例えば右後方からフレームインしてくる戦車があれば、フレームインの前からその方向に戦車の音をつけてあるんです。背後からの発砲音も、どっち側から撃ったかがはっきりわかる。そうすることで観客が無意識のうちに、立体的にその場でなにが起きているかを把握することができます。第4話はそういうふうに、音源の移動感に全振りした音作りをしたのですが、アトモス版は没入感があるからこそ、わかりやすい仕上がりになっています。『ガールズ&パンツァー』の3D監督の柳野（啓一郎）さんもおっしゃってたんですけれど、アトモス版とそうでないものでは、作品の理解そのものが変わってくるんです。ボリュームさえ担保してもらえれば、我々が意図した通りの音を体感してもらえます。

――アトモス版だからこそ、作品により深く貢献できるわけですね。

岩浪　『最終章』第1話のときは、通常の興行成績次第でアトモス版を作ってもよい、という話でした。なので第3話までは、通常よりも遅れてアトモス版を公開してきました。第4話でようやく、通常版と同時に公開することができたんです。『最終章』第1話は二〇一七年公開でしたが、そこから第4話まで足掛け六年。『BLAME!』のときは三館しかなかったアトモスも、今やスクリーンが増えてきて、隔世の感がありますね。

――お話を聞いて、「映画館で作品を見る意味」というものを改めて確認できました。

岩浪　そもそも映画館自体はとてもポテンシャルがある空間で、それをちゃんと生かすのが大事なんです。例えばシネマシティさんがやっている「極上爆音上映」というのも、単にボリュームを上げて大きい音を出してるわけじゃありません。必要以上に音を上げて、耳が痛くなるようなことはしていません。Meyer Soundのラインアレイスピーカーという、音楽用のスピーカーを入れていることからもわかるように、「映画の音をよくする」ということが第一目的なんです。その上で、重低音に特化して0・1チャンネルの部分をちょっと強調して、音を体感できるようにしている。

例えば、僕が調整によく行く兵庫県尼崎市の塚口サンサン劇場。本当に小さな劇場だし、入っている機材もごく普通です。でも映写技師さんが、一本一本、一番いい状態で見られるように吟味して上映をしているので、「音がいい」と言われているんです。映写技師さんには、一本一本微調整を行ってベストのセッティングを探すという姿勢は僕の影響だとおっしゃっていただいて、とても恐縮しているんですが、お金をかけないで、関わっている人が工夫するだけでも、できることはあるんですよ。映画館にとってよい音響というのは、すごいセールスポイントですから。

――最初に、そもそも映画館の音は小さく抑えられているので、それがしょぼく聞こえる原因である、というお話がありました。そのあたりをもう少し詳しく教えてください。

岩浪　まず専門的に言うとシネマプロセッサーという映画館の音をコントロールする機械があります。そこにボリュームがあるわけですが、ボリュームの目盛りの7・0が基準の音量です。これは85デシベルという大きさの音を、VUメーター（音量感を測定する装置）の0VUという基準にして、その音が出るボリュームが7・0と定めてあります。だから場内に測定用のマイクを置いて、館内で85デシベルの音が鳴っている時のボリュームが7・0になるようにシネマプロセッサーを調整するわけです。これが基本なんですけれど、ほとんどの映画館、特にアニメなんかは6・0とか、下手すると5・0で上映をしているんです。

――基準よりもかなり小さくなっているわけですね。

岩浪　『ガールズ＆パンツァー』以降、いろいろお願いできるようになったので、ほかの作品の先行上映の時なんかも、試写の音がショボかったりすると、「最低でもこれぐらいは鳴らしてください」とボリュームをちょっと上げさせてもらうことがあります。

――それは7・0まで上げるんですか？

岩浪　それが単純に7・0にすればいいというわけじゃないのが、難しいところで。作品ごとに、ちょうどいい音量というのがあって、本当はそういうことを聞き分けられる映写技師さんが必要なんです。自分が関わったある作品を大きな劇場で上映するというので、シネマプロセッサーを見させてもらったら5・0だったんです。せめて6・5にしてほしいとお願いしたら、「うちは5・5以上にはしない決まりなので」ということで。さすがにこのときは、最初だけ観て帰りました。

――音を抑えるというのは、アニメが子ども向けだったこと以外に、設備の消耗を抑えるみたいな狙いもあるのでしょうか。映写機をちょっと暗くすることで、ランプの寿命を伸ばすといったことと同じ発想に感じます。

岩浪　スピーカーも消耗品ですからね。だから文句が出なければ、小さい音でいいというふうになっていくんです。なので、観た人が「いつも行く映画館の音はしょぼい」とSNSなどで感想を書くことは大事だと思っています。そういう不満があることは、必ず劇場に届くので、それが改善のきっかけにもなる。ここ十年弱で――まだひどいところもあるけれど――ちょっとずつはよくなってきているので、少しは流れが変わってきたのかな、とは感じています。映画館でいい映像、いい音響で作品を観ると、それは鑑賞じゃなくて、〝体験〟になるんです。そういう思いで音についてアピールしてきましたし、その延長線上にアトモスというものの楽しみ方もあるわけです。

ライブ感ある芝居と、モチーフを意識した楽曲発注を

――ここまで映画館と効果音の使い方を中心とした音響設計のお話を聞いてきました。ここからは音響のそのほかの要素、台詞と音楽についての考え方を教えてください。

岩浪　日本のアニメがなぜ海外でウケるのかを質問されて、いろいろ考えたことがあります。興味深いのは海外でもアニメを日本語音声で楽しんでいる方が多く、ローカライズしたものは、日本語版ほどには人気がないという話を聞きます。そこから思うのは、日本のアニメはパッションが大事で、吹替によるローカライズは、そのパッションが届きにくくなるんじゃないかということです。日本で海外作品の吹替をすると、声質が近い役者を選ぶ「ボイスマッチ」であるとか、口の形と発音を揃える「リップシンクロ」にこだわりを求められることが多いんですが、そういうことよりも大事なものがあるんじゃないかと。それがパッションのように思います。

――日本語のままのほうがパッションが伝わる、と。

岩浪　それはやはり、全員が一つのブースに入って一斉に録音する、日本特有のアフレコの形態から生まれていると思います。海外の収録は、一人ひとりブースに入って収録する方法ですから、そこから生まれるものは自然と違っているはずです。『BLOOD+』の時、マーク・マンシーナがアフレコを見学に来ましたが、このスタイルを見て目を丸くしていましたね（笑）。その時にも、アニメの強

みはこれなんだなと感じました。共演者と一緒にお芝居をすることで、アクションとリアクションが連鎖する演劇的な空間がそこに生まれて、そのパッションがフィルムに残るんです。新型コロナ感染症の流行で、二〇二〇年からしばらくは別録りが当たり前になっていましたが、二〇二四年になってようやくそれまでの通りの収録方法に戻ってきました。

――役者さん同士のセッションがアニメにパッションを宿らせる、と。

岩浪　個人的に強く印象に残っているのが『ジョジョの奇妙な冒険』（二〇一二）第3話「ディオとの青春」ですね。主人公ジョナサン役の興津和幸さん、敵役であるディオ役の子安武人さんが燃え盛る屋敷で戦うんですが、スピーカーで聞いている僕にまで「熱いな」と炎の熱気が伝わってきました。二人のお芝居に合わせて、ナレーターの大川透さんのお芝居も同時に熱かったのも印象に残っています。この第3話Bパートは、1ロールNGナシの一発OKでした。『ジョジョ』の場合、アフレコ後に編集で最適のテンポに調整できる形で制作できたので、役者さんのお芝居を最大限生かす体制になっていたのもよかったです。

――一緒に収録しているからこそ生まれるものがあったわけですね。

岩浪　そういうのはコメディでもありますね。『この素晴らしい世界に祝福を！3』（二〇二四）では、スタジオにマイクを7本立てて、コメディならではのテンポよいライブ感をちゃんと感じられるように収録しています。

――アフレコの時に使うマイクは、通常3本か4本になることが多いと思うのですが、7本というの

は岩浪さんの判断でしょうか。

岩浪　そこに関しては、音響制作を担当しているHALF H・P STUDIOの音響制作の方が、すごく気を使ってくれた結果です。アオイスタジオの一番大きな部屋を押さえてくれて。これは本当に作品のことを理解してくれるからのこそのファインプレイですね。

――アフレコにおいて音響制作さんの果たす役割も大きいんですね。

岩浪　音響制作というとなにかADっぽい存在のように思う人もいるかもしれないですね。でも実際には音響制作のラインプロデューサーです。音響制作の財布を握っていますし、スケジュールやキャスティングに関してもある程度関与する。それぐらい大切な役で、そこを経て音響監督になる人もいますね。今やってる僕より年下の音響監督は、ほぼほぼ僕に音響制作としてついたことがある人ですね。

――ライブ感ある演技を録ろうとすると、勢い余って台詞が重なったりもすると思うのですが、それは大丈夫なのでしょうか。

岩浪　重なることはありますね。それは大丈夫じゃないけど、大丈夫にします（笑）。『この素晴らしい世界に祝福を！3』で使っているアオイスタジオの一番大きなスタジオは、オーケストラの録音にも使えるようなサイズなので、隣の人との距離もとれますし、マイク一本につきワントラックずつ使っているので、少々重なったりしても対応はできます。どうしても被ってしまうときは、スタジオ内に小部屋を用意して、その人だけはイヤホンでほかの人の芝居を聞く形で同時に収録するという方法もあります。……結局、こうやってキャストが揃って一緒に録音することへのこだわりというのは、マルチトラックができた時に音楽録音について起きた議論と同じなんですよね。

――というのは？

岩浪　レコーディングの時に、まずドンカマ（リズムマシンの総称）でテンポを入れて、そこにドラム、ベース、ギターとそれぞれに録音をしていくと、すごくクリアで正確な演奏になるだろうと。でも、それは音楽として聞いたらどうなんだろうか、という疑問も生まれますよね。バンドは一緒に録ったほうが、グルーブが生まれておもしろくなるんじゃないか、と。アニメのアフレコや吹替も、そういう側面が強いものだと思うんです。

――岩浪さんは、作品の音響に向き合うとき、最初にどのように考えられるのでしょうか。

岩浪　作品の音響を設計するうえで、最初にキャスティングがあり、そしてほぼ同時に音楽発注があります。テレビアニメの場合、後半話数のシナリオが上がっていないという、全体像が見えてない段階で発注をしなければなりませんが、映像になったらこうなるであろうということを考えてプランニングします。映画の場合、絵コンテが上がっていることが多いので、そこから全体の流れを見たうえで細部に落とし込んでいきます。どのように音を設計すればストーリーを伝えるうえで効果的なのか、お客さまにわくわくしてもらったり感動してもらったりできるのか、音での演出について考えて作業しています。僕はいろいろなジャンルをやっていて、例えば『劇場版 シルバニアファミリー フレアからのおくりもの』（二〇二三）なんかもやっていて意外だと言われるのですが（笑）、作品ごとに一本ずつアプローチを変えて作っています。

——いまお話されたように、音響監督の仕事の一つに作曲家への音楽発注がありますが、音楽について聞かせてください。

岩浪　音楽で大事にしたいのはライトモチーフです。すごくよくできていると思うのは『ニュー・シネマ・パラダイス』（一九八八）でエンニオ・モリコーネが作曲したテーマ曲のように、テーマ曲のモチーフが何度か変奏されつつ印象的に使われることで、映画全体の印象を決めます。『ニュー・シネマ・パラダイス』のラストは、映写技師だったおじいさんが残したフィルムが上映され、それを見ている主人公の顔が切り返しで映し出されるというものです。映像としてはとてもシンプルですが、印象的だったモチーフを使った曲が流れることで、すごく感動的なシーンになっています。あれが映像音楽の基本的な考え方だと思います。

——音楽メニュー（発注メモ）を書く時もライトモチーフを意識しているのでしょうか。

岩浪　そうですね。多くの作品の場合、主人公像＝作品のテーマというところもあるので、まず主人公のテーマを作ってもらい、それを展開してもらう形で音楽メニューを書きます。『ジョジョの奇妙な冒険　スターダストクルセイダース』（二〇一四、一五）で音楽を担当した菅野祐悟さんにも、そういう形でまずテーマを書いてもらい、そのあとに「危機」とか「悲しみ」とかさまざまなシチュエーションでバリエーションをお願いしました。だいたい1クール作品の場合、劇伴は40曲程度というのが暗黙の了解になっているんですが、『スターダストクルセイダース』だと、40曲あたり15曲がメインテーマのモチーフを使った曲でした。……以前、作曲家の梶浦由記さんとファンクラブの会報で対談したことがあるんですが、梶浦さんからはこういう僕の発注はおもしろい、と評されたこともあります。最初に三つぐらいキーになるテーマを書いてもらい、後はそれをさまざまにアレンジしてほしいというやりかたは、作曲者としては嬉しいというお話でした。

——一方で今のハリウッドの映画音楽は、そうしたメロディ中心のものからだいぶ違った形になっています。

岩浪　大ヒットしたMCU(マーベル・シネマティック・ユニバース)の作品で、テーマ曲を口ずさめる作品がどれぐらいあるか、というとなかなかないですよね。映画のテンポが速くなっていて、音楽もそのシーンのテンション感を伝えるだけの役割になっているところはあると思います。ハンス・ジマーは、そういうことを百も承知で、そういう仕事もやっていたと思うんですが、いったん「もうヒーローものをやらない」と宣言したのは、またメロディを書きたくなったからなんじゃないかと思っています(笑)。時代の変化ということで付け加えると、配信で見られる作品が増えたので、音楽の使い方も変わったということはありますね。

——それはどういう変化でしょうか。

岩浪　一言で言うと、次の話数がすぐ見たくなるように、音楽を終止形に持っていかないんです。コーダをつけて「ここでおしまい」という感じを出すのは、来週の放送まで間隔が空くテレビならいいんですが、配信には向いてないなと。配信作品が増えた時に、韓国ドラマをはじめ海外のヒット作を見て、日本のアニメで足りていないのは、そういう音楽的な引きの部分だなと思ったので、それは意識してやっていますね。

――最後に、アニメ音響の世界に入ろうと思っている人に、なにが必要なのかをうかがえればと思います。

岩浪　アニメが好きだからこの世界に入りたい、という人は多いです。でもそれは同時に「なにか思ってたのと違う」という形で辞めることに繋がることも多いです。長く仕事ができるのは、「音でものをつくるのが好きな人」「音で人を楽しませるのが好きな人」です。動機がそこにないと続かないような気がします。以前、新人声優さんに話をしたことがあるんですが、声優さんの仕事は、文字を言葉にすること。だから、シナリオがちゃんと読めていないと、オーディションは100％落ちますよ、と。文字を音にする、あるいは映像を音にするというのはどういうことなのか。そこを考えないといけない。

これは音響の仕事も同じで、効果をつけるにしても、画面上に起きているものに全部音をつければいいというわけではない。このカットでなにを伝えたいのか、映像言語をちゃんと分析して、どういうことをすれば効果的なのかを考える必要があります。そういう分析や読解力は、単に作品を面白くするだけでなく、作品の弱点や欠点に見えるところをカバーするときにも役立つんです。

――対象に対する読解力が重要、と。

岩浪　もちろんそうなるとアニメだけ見ていてはだめです。ここだけの話、アニメしか見ないまま制作スタッフになった人もいますが、それだと日本のアニメをなぞってアニメっぽいものを縮小再生産するだけです。そういう意味では総合芸術である映画を見ることは、いろんなお手本になります。音に関しては特にハリウッド映画がトガったことをやっていますし。だからアニメ音響の世界に入りたい人は、映画を筆頭にいろいろなジャンルの作品に触れて、そこから「なにが面白いのか」「なぜかっこよく感じるのか」を考える経験が絶対に後で役に立ちます。やりがいのある面白い仕事であるのは間違いないので、興味を持つ人が増えてくれると嬉しいですね。

＊1　アビッド・テクノロジー社のデジタル・オーディオ・ワークステーション。録音・編集・ミックス作業を行うソフト。図版はP.35に掲載。

1-2

山田陽

Sound Director's Interview
Haru Yamada

やまだ・はる／有限会社サウンドチーム・ドンファン代表取締役。本名は山田利陽（としはる）。一九六六年生まれ。東京都出身。東京工学院音響工学科卒。幼少期からピアノを習い、中学時代に友人たちとバンド結成。武南高校時代もバンド活動にハマる。就職時に音楽への夢を断念し、映像の世界に飛び込むべく一九八八年に東京テレビセンターの録音部に入社。その後ごんぐスタジオを経て独立し、二〇〇三年にはたしょう二とサウンドチーム・ドンファンを立ち上げ現在に至る。受賞歴に日本アカデミー賞 第40回最優秀録音賞、第46回優秀録音賞がある。

鍛えられた録音部での若手時代

――山田さんはミキサーとしてキャリアを重ね、現在は音響監督としても活躍されています。

山田　学生時代は普通にメーカーに就職しようと思っていたんです。子どものころからずっとピアノをやっていて、学生時代はバンドを組んでライブハウスに出たりもしていました。でも、音楽で食っていくのは大変だなと。それで就職活動を始めたんですが、メーカーの就職試験を受けてみると、なんかつまらない。ならば映画も好きだし、ドキュメンタリーも大好きなんで、人様のお金で海外旅行に行けるような仕事はないかなと（笑）。それで映像系ならその可能性があるだろうぐらいの感覚で調べたところ、東京テレビセンターという会社が見つかったんです。

――東京テレビセンターは中央区の日本橋浜町にあった音響を中心とするポストプロダクションの会社ですね。

山田　そうです。この業界のことは全然知りませんでしたが、社員を募集していたので、電話して人事の方に話を聞きに行きました。「業界のこと全然わからないんですけど」って話したら、僕の履歴書の趣味の欄に「バスケ・野球」って書いてあるのを見て、「ウチに入ったら野球やらないか」と言われまして（笑）。昔の企業って必ず草野球チームがあるんですよ。しかもその方は元高校球児ということで。それで「やります」と返事しました。聞いたところによると、東京テレビセンターはそこそこ大きい会社なので筆記試験があるけれど、数学とか英語とか普通に点を取ってくれれば大丈夫だから、と。試験を受けたところ結果は問題なく、面接で業界のことを聞かれたときは「わかりません」で通して（笑）、それで受からせてもらったんです。

――野球が会社との縁を繋いだんですね。

山田　そうなんです。入社後は、録音部に配属されました。東京テレビセンター（以下テレセン）は、本当にあらゆるジャンルの映像作品の仕事を引き受けていました。映画やドラマやアニメはもちろん、土木や建築に関する企業の記録映画から、テレビのドキュメンタリー番組、CMまでなんでもです。スタジオでの作業だけでなく、現場での録音にも参加することもありました。当時、407ダビングステージという、THX（映画の映像・音響の品質を保証する米国企業）認定を受けた録音スタジオというのが売りで、僕が入った頃はまだきれいでした。「こんなにきれいで大きな、すごいスタジオで仕事できるんだ」と思いましたね。まだバブルがはじける前だったんですが、その頃は仕事が多くて徹夜徹夜の連続でした。

――もともとの動機だった、仕事で海外に行くという希望は叶ったんですか？

山田　叶いました。一番楽しかったのはパプアニューギニアのジャングルに行くドキュメンタリーの現場に、録音部として同行したことですね（笑）。そういうドキュメンタリーの現場って危険な場所に行くので、少人数で臨むことが多いんです。監督、プロデューサー、AD、カメラマン、カメラマンの助手、そして録音部と制作というメンツでの参加でした。

――その頃はアニメとの接点はあったのでしょうか。

山田　当時のテレセンは、そんなにアニメ作品をやっていなかったんですが、その中にレギュラーの仕事で『ミスター味っ子』（一九八七―八九）があり、そこに新人の助手として入っていました。その頃のダビング（ミックス）は四人体制でした。ミキサー、ミキサーの助手、さらにいろんな音素材を出す――テープ出しとかシネ出しといいます――助手が三人いました。ミキサーとその助手はスタジオの中で作業をするんですが、シネ出しの助手は他の部屋での作業です。あとフィルムの映写も新人の仕事です。映写マンの偉い人もいましたが、録音部の若い人間が映写を担当することになっていました。映写マンの偉い人と仲良くなるのも大事でしたね。昔ですから、ものすごく体育会系な職場だったので。

――例えばどんな雰囲気だったのでしょう。

山田　翌日に備えて、前日のうちにレンズなど機材をセッティングして映写の準備をしておくんですよ。で、翌日行って上映をしてみるとピントが合わない。スタジオ側にいる先輩から「ピンが合ってないぞ！」と怒鳴り声があがり、昨日セットした時は大丈夫だったのに、って焦ってあたふたしていると、そのうちにおじいちゃんの映写マンが来てレンズを拭き始めるんです。レンズにおじいちゃんの頭皮の脂がわざと指で塗ってあったというわけですよ。スタジオ側の先輩とかもそれ知ってて、「何やってんだ」って注意してくるんです（笑）。洗礼みたいなものです。昨日セッティングしていても、今日来たらまた映写前にちゃんと確認しろよ、ということなんですけどね。なので当時は映写一時間前にはスタジオ入りしていました。

――そうして仕事を覚えていったわけですね。

山田　先輩たちが「ここ出せ！」といったシーンをすぐに出さなくてはならない。ビデオじゃないのでタイムコードもついてるわけじゃないんだけど、慣れると30分ロールの16ミリフィルムをピーっと回して、このあたりというところで的確にピッと止められるようになります。ただ16ミリは小さいからいいんですけど、35ミリは結構大きくて扱いにくいし、機械もでかいし、慣れないとフィルムを巻き込んじゃってボロボロになるんで、すぐには触らせてもらえなかったですね。ビデオ撮影の仕事もありましたけれど、そちらは部署でいうとMA担当の部署がやっていました。なのでフィルムだと「ダビング」で、ビデオだと「MA」といったように言葉も使い分ける感じで、アニメが未だにダビングと言っているのは、もともとフィルム作業だったからだと思います。

――『ミスター味っ子』以外にもアニメに関わることは多かったのでしょうか。

山田　いえ、実写映画のほうが多かったぐらいです。アニメだと『ミスター味っ子』をちょっとやった後、映画の部署になって関わったのが『魔女の宅急便』（一九八九、この頃助手はクレジット無し）でした。そのころ一年先輩の、はたしょう二（現・サウンドチーム・ドンファン所属の音響監督）は『機動警察パトレイバー the Movie』（一九八九）を担当していましたね。その後僕は『機動警察パトレイバー2 the Movie』（一九九三）に関わるんですが、その前に押井（守）さんの実写映画『ケルベロス－地獄の番犬』（一九九一）にも参加しました。

実写映画で印象に残っているのは、ディレクターズ・カンパニー（長谷川和彦を中心として当時新進の映画監督九人で設立した製作会社）の作品や、山本政志監督、井筒和幸監督の作品があります。当時は同じ作品にずっと関わることもあれば、ちょっとだけ手伝うこともあったりと、いろんな監督の作品に参加していました。あと塚本晋也監督の『鉄男』（一九八九）も覚えています。テレセンがよかったのは、自主映画の音響を助けてあげることの多い会社だったことですね。『鉄男』の時も予算がないからマルチトラックを使うような部屋でなく、僕の大先輩にあたる人が試写室みたいなところで、テープ出しのみで作業していました。のちに『シン・ゴジラ』(二〇一六)の仕事のときに、映画に出演していた塚本監督に再会した時は、ちょっと嬉しかったです(笑)。その時にお聞きしたのは、それでも予算がなくて最後までテレセンではできずに、他へ移ったというお話でした。

実写作品での経験を活かしてアニメーションの世界へ

——新人時代は実写の仕事がメインだったとのことですが、どのあたりからアニメと縁が深くなっていくのでしょうか。

山田　そもそものころの先輩たちは、あまりアニメをやりたがらなかったんですよ。というのも、世代的に映画がやりたくて業界に入った人たちが多いから。当時は東映とか大映の録音部出身の人が、契約社員という形で働いていました。あとアニメは台詞をアフレコで録るので、下準備が面倒くさいんです。

——下準備とはどういった作業なのでしょうか。

山田　具体的に言うと、台詞合わせとノイズ切りですね。この仕込みは助手の仕事なんです。16ミリのフィルムをビュワーで見ながら、16ミリのシネテープ(16ミリまたは35ミリのフィルムと同じパーフォレーションのついた録音用磁気フィルム)で音を再生できるスティーンベック(スタインベック)

山田陽

社の装置を使います。それで映像と見比べながら、シネテープの台詞の位置にデルマで印をつけて、それを目印にシネテープのコマを切ったり足したりしながら、映像に台詞を合わせていきます。ノイズ部分もそうやってカットしていくんです。20数分の尺の作品だと、慣れてしまえば六時間ぐらいで終わるんですが、最初のころは本当に一日仕事でした。切り出したコマがどっかに行っちゃって、戻したいけど見つからないとか。間違って音の頭を切っちゃったりすると、もう一度最初に録音した元の6ミリテープからシネテープに起こし直さなくちゃならないんです。最初の三年ぐらいはそういった仕込みが主な仕事でしたね。

——当時の目標としては、いつかはミキサーになろうと思っていたわけですか。

山田　テレセンは技術会社なので、録音部に入ったなら基本的にミキサーを目指す感じでした。はたと僕は生意気なんで「俺たち、誰よりもうまくできるよな」って思い込んでました（笑）。助手としてテープ出ししたりしながら、ダビングしている先輩ミキサーを見て「俺だったらこうするよね」といったことを言っていましたし。ただテレセンって、簡単にミキサーにはなれないんです。十年以上はキャリアを積まないとダメで、十年経ってもできない人はできない。

――キャリアを歩む中で、そばにはたさんの存在があったのですね。

山田　当時、テレセンに住谷真さんという十年先輩のミキサーがいて、僕とはたが一緒に助手でついたんですが、そこではたと、「先輩たちがアニメをやりたくないっていうなら、はたと僕でアニメを全部やっちゃうか」という話をしたんです。一方で音響監督の方たちから、テレセンのミキサーは年上の方ばっかりで、アニメを見ている人が少ないよねという話が出ていたりして。それで音響監督の山田悦司さんがはたのことを指名してくれるようになりました。一方の僕は神南スタジオの音響監督・藤山房伸さんから「もうおじさんはいいから山田くんやりなよ」と言っていただけて。当時お世話になった方だと他にアーツ・プロの本田保則さん、鶴岡陽太さん、クルーズの藤野貞義さん、ザック・プロモーションの清水勝則さん、オムニバスプロモーションの斯波重治さんがいましたね。

結果、はたと僕は入社から七、八年でミキサーになることができました。なので今でも先輩の音響監督さんから呼ばれたらすぐ飛んで行きますね。はたとはその頃からの付き合いで、十五年後に一緒に会社（サウンドチーム・ドンファン）をやることになるんだけど、親友っていう間柄でもないんですよ。一緒に遊ぶようなことはたまにしかなくて、むしろ信頼できる戦友みたいな感じなんです。

――アニメのミキサーはやってみていかがでしたか？

山田　今だから言えますが、僕はそんなにアニメをたくさん見てきたわけじゃないんですよ。ただ、音作りに関しては実写の経験があるのでそれなりにできるつもりでいました。でもやってみたら予想以上に実写と違いがあることに気付かされましたね。実写の場合、必ず同録があるんだけど、そのほとんどは音がきれいじゃない。なので整音して聞こえるものにして、そこに合わせて（効果や劇伴の）音を揃えていくんです。対するアニメは、綺麗に録った音声素材を使って一から音を作っていく感じです。だからなんでもできるっちゃできるんですよ。そういう意味での面白さはありましたね。最初はミキサーとして音をまとめるだけで必死でしたが、次第に「こうできたらな」なんて意見が出てくるようになりました。

――その後、山田さんはテレセンを離れることになります。

山田　結果的にテレセンのことはプロの専門学校だったなと思っています。学ぶこと学んだらやめようかなと考えるようになったのですが、十五年分も学ぶことがあったのでそのまま在籍し続けてしまって（笑）。テレセンをやめるきっかけとなったのは、アーツ・プロから鶴岡さんが独立して忙しくされていたことが大きいと思います。鶴岡さんはそれまでテレセンを使っており、そこにミキサーとして入ることが多々あったんですよ。僕が初期にミキサーを担当した『あずきちゃん』（一九九五―九六）も鶴岡さんと一緒でしたし、その後は『Bビーダマン爆外伝』（一九九八―九九）など、何年か一緒に仕事をしていました。

そんな鶴岡さんは、今までになかったことを突然やる人で、気づいたら独立して楽音舎を立ち上げていました。先輩であるはたは、テレセンで十年働いた後、楽音舎へ。それから数年して、はたが楽音舎をやめてフリーになると言い出したんですよ。鶴岡さんはできる人間はどんどん独立すべきという考え方で、はたも独立した方がいいという話になったらしくて。それで楽音舎を離れ、関連会社のスタジオごんぐで仕事をすることになり、僕に「一緒に来ないか」と声をかけてくれたんです。当時僕は三十五歳で子どももいました。子育てをするにはさらにお金を稼ぎたく、はたの誘いに乗って共にスタジオごんぐで働くことにしました。

――フリーになった直後はどのような仕事をされたのでしょうか。

山田　メインは鶴岡さんの手伝いでしたね。鶴岡さんは当時、レギュラー仕事を週に七本以上持っていて、とても一人でこなせる仕事量じゃなかったんです。その手伝いをしていると、再び徹夜の毎日が続きました。加えて、当時は自主映画やHALF H・P STUDIOの整音の仕事も手伝っていました。その流れで『天才てれびくん』にも一部関わったりしましたね。そんな中で鶴岡さんに言われたのは「以前のようなスタイルで仕事をしていてはダメだよ」ということでした。

――「以前のようなスタイル」とはどのような?

山田　フリーになる前は会社組織に所属していたので、仕事をしつつも部下を育てる必要があったんです。アニメ作品のミキサーをやるときは自分の下に三人つくので、彼らの面倒を見なければいけないんですよ。それに対して、楽音舎は一人ひとりが独立して仕事している雰囲気でしたね。音響監督も音響制作も、各々自分の仕事を全うしている感じだったので、そこは考えなくてよいということでした。

――音響監督を担当することになったのはどのような経緯でしたか?

山田　当時鶴岡さんが担当していたアニメには『ケロロ軍曹』をはじめ、メジャーな作品が多かった。

なので、付随してそういった作品のゲームの音響監督の仕事もきていたんです。でも、鶴岡さんは忙しくてそこまで手が回っていなくて、それで僕にゲームの音響監督の仕事が回ってきたのが最初ですね。当時鶴岡さんのところにはアナウンスブースがあったのでそこを使って収録をしていました。その後ショートアニメの音響監督を何本か担当して、徐々にアニメの音響監督の仕事が増えていった感じです。

――山田さんがフリーになる前後（二〇〇〇年代初頭）は、ちょうどアニメの音響がアナログからデジタルに移行していた時期かと思います。

山田　最初に複数トラックで音響作業ができるデジタルツールがいくつか出てきたんですよ。その中でも世界的に普及したのがシンクラヴィア（アメリカのニューイングランドデジタル社が開発した電子楽器）でした。当時はこれが設置されている音響スタジオもいくつかできましたね。ただ、シンクラヴィアは本来電子楽器なのでとてもサイズが大きかった。それで数年したら小型化したものがいろいろ出てきて、シンクラヴィアと取って代わっていきました。テレセンもその中からどれを導入するか試行錯誤したりしていました。そんな中で鶴岡さんは当時からPro Toolsを推していました。その後、楽音舎ができて四、五年経った時にはPro Toolsが一般的になり、持ち歩く人も出てきていましたね。

『エヴァ』のリマスター作業を経て、新劇場版へ参加

——山田さんはその後、庵野秀明さんの作品にも参加するようになります。

山田　庵野さんとの初仕事は『NEON GENESIS EVANGELION DVD-BOX』(二〇〇三年発売)でした。『あずきちゃん』の時ご一緒した効果の野口(透)さんに誘われ、上記のテレビシリーズを5・1チャンネルにするエンジニアとして雇われたんです。当時スタジオごんぐには5・1チャンネルに対応したスタジオがあったのですが、まだあまり使用されていなくて、鶴岡さんからはそこを使っていいよと言われて使った経緯がありました。

——具体的にどのような作業を行ったのでしょうか?

山田　当時『エヴァ』には録りっぱなしの6ミリテープやシネテープが大量に存在していました。ただ、テレビ版の放送時に使用した、それらの音声をまとめたものがなかったんですよ。バラの素材が残ってない場合は音を足したり振ったりするなどして、再度音をまとめるのが仕事でしたね。ここに庵野さんは顔を出さないと聞いていたので、野口さんとは「自由に二人でやろう」と話していました。でも、実際には庵野さんがちょこちょこ顔を出して「こうしてほしい、ああしてほしい」と言うようになったんですよ。おそらく途中から面白くなってきたんでしょうね(笑)。それでいろいろ試行錯誤をしながら一年半ぐらいかけて仕上げたのが本作です。

――DVD-BOXの仕事が『ヱヴァンゲリヲン新劇場版：序』（二〇〇七）参加につながります。

山田　『エヴァ』のDVD-BOXの仕事を通してキングレコードの大月（俊倫）さんと縁ができたんですよ。ある日、大月さんから「明日来れるか？」と急に電話がかかってきて、それで参加することになりました。クレジットは「協力」になっていたかと思います。実際に現場に行ってみたらスタジオには緊張した空気が流れていましたね。テレビ放映から時間が経った状態での再録ということもあり、庵野さんもキャストも、なかなか思うように進んでいない感じでした。それで自分が橋渡しをすることになりました。アナブース（アナウンスブース）に入って役者と会話するときはミキサーに「マイクのフェーダーを下げてください」とお願いしていましたね。

――マイクのフェーダーを下げてもらうのは重要なことだったと。

山田　そうですね。一般論ですが、監督からの直接のディレクションで思った通りの演技が出てこない場合、キャストに必要なニュアンスが伝わっていないことが多いです。その場合、別の言葉でディレクションしたほうがいいんです。ただ、それが監督に聞こえてしまうと言葉遣いが違うので「そうじゃない」となってしまうことがあります。なのでキャストにお話をするときは、キャストにだけ聞こえるように話をするほうがいいんです。その時は、「一度こういう形の演技を聞かせてもらえませんか？そうしたら監督から新しいディレクションが出てくるかもしれないので」なんて話をしました。そうやっていろんな演技を引き出し、膨らませていきましたね。その方がみんな精神的に楽かと思っていますし、この方法は未だにいろんなところで使っています。

——そういったディレクションの方法論はどこで学んだのでしょう？

山田　先輩たちを見て学んだ感じですね。僕自身これまで多くのベテラン音響監督と仕事をしてきました。技術屋として、流派の違ういろんな方のディレクション方法を間近で見てきたんですよ。その時のことを思い出し、さまざまな提案方法を試していく感じでした。

——その後シリーズは『:破』（二〇〇九）、『:Q』（二〇一二）、『シン・エヴァンゲリオン劇場版』（二〇二一）と続いていき、山田さんは「台詞演出」として参加されています。

山田　おそらく『:序』を収録していた時はキャストの皆さんも再録だと思っていたのではないでしょうか。なので「なんでこんなに録り直しをするんだろう？」と疑問を感じていた気がするんです。それが『:破』『:Q』へと進み、僕らからの説明も重なることで物語が枝分かれしていることが見えてきた。それで「何テイクでもやるよ」というスタンスに変わってくれましたね。結果、10、20、30とテイクを重ねることもありましたが、揉めることはありませんでしたよ。逆に『シン・エヴァ』のときにはキャストの皆さんからの提案で追加テイクを収録することもありました。

——庵野さんの作品では実写で制作された『シン・ゴジラ』にも整音で参加されていますね。

山田　これは庵野さんから直接誘われての参加でした。突然電話がかかってきて、会って話をしたら「今実写で『シン・ゴジラ』という作品をやっているんだけど」と打ち明けられまして。庵野さん馴染みのチームで音響まわりを固める話になり、結果、僕と効果の野口さんも参加することが決まりました。あの誘いはめちゃくちゃ嬉しかったです。

『シン・エヴァンゲリオン劇場版』
台詞演出：山田陽

——庵野さんと長年タッグが組めたのには何か理由があるのでしょうか？

山田　以前飲み会で庵野さんが「（山田さんとは）好きなテイクが一緒なんだよ」と言ってくれたことがあります。なので、感覚的な部分が大きいんだとは思います。ただ、僕自身は作品によって結構監督の好みを探っている部分はありますね。監督ごとに好きなテイクを探り、それが見えてきた瞬間にそっちに完全移行する感じです。僕は音響監督よりも技術職の経験が長い分、そういうところは柔軟だと思います。ただ、監督の中には音響監督のプランを聞かせて欲しいという人もいます。そういう時は自分なりのプランを見せて、気持ちが合えばまた次に呼んでくれるだろうと思って仕事をします。篠原（俊哉）さんとはそういう感じで縁が続いていますね。最初は『黒執事』（二〇〇八—〇九）の時に呼んでいただいて、今でもお声がけいただいています。

——先ほど、『エヴァンゲリヲン新劇場版』シリーズでかなりのテイク数を録ったとお話が出ていましたが、テイクは多い方がいいのでしょうか？

山田　これは音響監督のスタンスにもよるので、どちらとも言い切れませんね。僕はもともとエンジニア出身で、整音を長くやってきた人間です。なのでテイクは多いに越したことはないという考え方をしてしまう。でも、これは他の音響監督の方が聞いたら怒るかもしれません。音響監督としての威厳を守る方は多いと思いますが、僕はそれを崩している側なので……。ただ、テイクが多いことを好む監督が僕のところに来てくれているとも思いますね。他にも幾原邦彦さん、新海誠さん、小島正幸さんもよく声をかけてくれます。皆さん音に対してのこだわりが強く、音まで考えた上で画作りをしている監督たちではないかと個人的に思っています。

音にこだわりの強い監督たちとの仕事

――作品の音へのこだわり方は、監督によって差があると思います。例えば幾原さんはどのようなこだわりを持っているのでしょうか？

山田　幾原さんは音楽の貼り方が独特ですね。僕の知る限り、一曲を一番長く貼るのが幾原さん。あれは幾原監督独自の世界だと思います。音響監督の中には音楽を貼る作業は必ず自分でやるという人もいますが、僕は監督がやりたいと言えば監督にお願いしてしまう。その上で手直しをする感じですね。あと、幾原さんはキャスティングも面白いです。僕らはどうしてもキャラクターに沿って、キャラクターの体型や骨格が近い人を探してキャスティングしてしまうんですが、幾原さんはそういう考え方ではありません。『輪るピングドラム』（二〇一一）の時も面白かったですよ。まず、主役の高倉陽毬役に荒川（美穂）さんが決まりました。彼女はまだジュニアでしたが、とてもいい声を持っていましたからね。そんな彼女の兄・高倉冠葉役を選ぶにあたって幾原さんが「兄貴っていったら、ジャイアンだよね」と（笑）。それで当時からジャイアン役を担当していた木村昴くんを事務所に呼んで「君にお願いしたいんだ」と話をしたんです。

――ほぼ決め打ちでのキャスティングだったと。

山田　そうなんですよ。ただ、当時の昴くんはデビューしてからジャイアン以外を演じたことがなかったので、「ジャイアン以外の声が出るのだろうか？」という不安がありました。それで事務所で会ったら、声も喋り方もジャイアンそのものなんですよ。「これじゃいかん」となって、そこからレッスンです。結果、『ピングドラム』をきっかけに昴くんは多くの作品に出演するようになりました。なので彼は幾原さんのことをリスペクトしていると思います。

改めて感じるのは、幾原さんはキャスティングのバランスがいいということですね。単体のキャストで見るのではなく、周囲とのバランスを重視してキャストを決めていく。そこに関しては、考え方が僕と同じなので意見が合うんだと思います。『ピングドラム』では、木村良平くんが高倉晶馬役に選ばれたのもバランスを見ての配役でした。彼は演技も上手いし、当時は若くて突っ走っている感じが晶馬というキャラクターに合っていたんです。加えて、昴くんの弟役にした時にバランスがいい感じがしました。キャリアが長いので昴くんの面倒を見てくれるんじゃないか、と。彼ならそれをやってくれると思いましたからね。

――幾原さんのキャスティングで他に意外だったことは？

山田　川上とも子さんを『少女革命ウテナ』（一九九七）で天上ウテナ役にキャスティングしたことですね。僕の中のイメージでは、川上さんにあのキャラクターの引き出しはありませんでした。でも、幾原さんはそれを可能にする組み立てができる。本当にバランス感がいいですね。

――新海さんとは『すずめの戸締まり』（二〇二二）まで何作もご一緒されていますが、どのような経緯で始まったのでしょうか？

山田　以前キングレコードにいた小川（智弘）さんがコミックス・ウェーブ・フィルムに転職し、仕事をいただけるようになったんですよ。それで何本か音響監督を担当しました。そんな中でコミックス・ウェーブが制作していた映画『アジール・セッション』（二〇〇九）の制作が難航しているという話が舞い込んできたんです。監督たちの要望に音響チームが対応しきれないという状況になっていたようでした。そこにはたと一緒に行って、いろいろと提案をしながらまとめていきました。僕らはテレセン時代のノウハウがあったので、幅広い提案ができましたから。そうした中、今度は『プランゼット』（二〇一〇）というCG映画で音響監督のお話をいただけることになり、以降もコミックス・ウェーブとの付き合いが続きました。その流れで新海さんの『星を追う子ども』（二〇一一）に参加することになり、今に至ります。

——新海さんはビデオコンテにご自身で声を入れ、それをガイドとして使用することで知られています。

山田　ガイドを自身で作る監督は他にもいるんですよ。ただ、僕はこれには賛同しかねています。監督の中には尺のコントロールのためにガイドを作る人もいますが、監督読みのガイドは感情が込められていないことが多く、早口になりがち。役者が演技をしながら台詞を当てたら尺が変わってしまうことが多いんです。僕は役者に自由に演じてもらいたいと思っているので、あまりこのやり方をいいとは思えていませんが……。

一方で、新海さんのガイドの作り方は全く問題ないとも思っています。というのも、彼の場合は言い回しのプランが明確にあり、それを伝えるためにガイドを録っているからです。しかも、彼自身、非常に演技が上手いじゃないですか。なので特例としてありかな、と。ただ、キャストにガイドを見せる時は「あくまでガイドなので、真似はしないでください」とは伝えています。そうしないと、キャストの演技が新海さんの真似ごとになってしまう場合があるので。こと新海さんの作品には本業声優ではなく新人俳優がキャスティングされるので、危険性が高いと思っています。『天気の子』(二〇一九)の時には、森嶋帆高役を担当した(醍醐)虎汰朗くんの演技が途中からガイドに影響されつつあったので、それを止めながらの収録でしたね。ただ、これは予算がふんだんにある劇場作品で、アフレコに存分に時間が割けたからできたこと。テレビだったらダメだったと思っています。

——アフレコにかけられる時間の長さによって変わってくるのですね。

山田　そうですね。新海さん作品のキャストを選定する際には、最低でも一週間から一ヵ月は時間が取れることを条件としています。特に最近の新海さんの作品は役者の登竜門を担っている部分も大きく、若手俳優がキャスティングされることが多い。なので『すずめの戸締まり』の際には、主演である原（菜乃華）さん、（松村）北斗くんには一ヵ月から三ヵ月ぐらいお付き合い願いますと最初からお話ししていました。

音に対する全責任を担う音響監督の仕事

――ここまでお話を伺い、山田さんが演技のディレクションにじっくり向き合われているのを感じました。

山田　役職に音響監督と名前がついている以上、音に関する全てに責任を取る必要があるんですよ。その中には台詞の収録も含まれます。収録をいいものにしようと思ったら役者のいいところを引き出さないといけないわけです。なので積極的に役者さんと話もするし、一緒に食事にも行きます。目上の役者さんを演出する時は下調べをして戦い方を考えたりもしますね。そうすると面白いことがわかってくるんですよ。舞台出身の劇団系の役者さんと声優さんではタイプが違うし、事前に作品のことをしっかり調べてくる人もいれば、「俺（私）のものを作っている」というスタンスの人もいることが見えてくるんです。それがわかると、人によって演出の仕方は変わってきますよね。この人はこういう言い方をすればいいだとか、この人には一から説明した方がよさそうとか、そういうやり取りを考えるのは大変ですが面白いですね。

——山田さんは人間そのものに興味があるのではないでしょうか。

山田　それはありますね。もともとドキュメンタリー作品が好きなので、面白い人間には興味を惹かれます。逆に型通りの仕事をする人はあまり好きではありません。そういうプロデューサーがいると説教してしまうことも……。

——仕事をする上で大切にしていることはありますか?

山田　まず大切にしているのは、監督の要望に沿える座組みを作ることですね。メーカー側が作曲家を勝手に選ぶ場合もありますが、僕はあまりよくないと思っています。本来は監督が何をやりたいのか——ロックなのかジャズなのかクラシックなのか——を把握して音楽家を決める。何人かの候補から作曲家を選べるようにしておくのがベストだと思います。

また、座組みを作るためにはキャストに関しても詳しく知っておかないといけないですよね。所属している事務所の方針や本人の希望、周囲の人間関係も頭に入れておきます。加えて、キャストの人柄も知っておかないといけません。人によって自己主張が激しいとか、輪を大切にするとか、そういうのもありますから。それらを加味した上で、あとは予算ですね。音楽は何曲ぐらい発注できて、キャスティングにどれぐらいお金が使えるのか。そのあたりをよく考えて座組みを提案していきます。ただ、これが音響監督の仕事かというと意見が分かれるかもしれません。僕らサウンドチーム・ドンファンは〝音響制作〟会社なのでここまで関わりますが、純粋に音響監督を担当する場合には、予算組みにまでは関わりません。僕が参加した作品でも『メイドインアビス』(二〇一七)などは音響監督としての参加なので、予算組みまではタッチしていないです。

さらに音響監督的な話をすると、先ほどお話したように音に関して全責任を取るのが仕事だと思ってやっています。なので作品に関わる皆さんの仕事の仕方も知っておかなければいけません。効果や音楽の方にはギリギリになって一気に作業をする方もいれば、一つ一つ着実に進めて最後にまとめる方もいるので、絵を入れるタイミングや差し替えのタイミングが変わってきます。そういうことを把握した上で進めないと、制作過程でどこかから不満が噴き出しますから。

――音楽発注の際はどのようにされていますか?

山田　〝なぜその作曲家を選んだか〟が大切だと僕は考えているんですよ。なので、まずは作曲家と監督で直接話してもらい、絵コンテを見ながら自由に曲を作ってもらうのがベストだと考えています。その上で、作曲家のやりたいことと、監督の希望、どこに音楽を貼りたいかを突き合わせて探っていく。そこでなんとなく統一性が見えてきてからまとめていく流れですね。なので最近はあまり音楽メニューも書きたくないと言ってます。

――効果に関してはいかがですか?　相性などはあるのでしょうか。

山田　僕は音を厚めにつけてくれる効果さんが好きですね。なので――僕がこんなことを言うとおこがましいかもしれませんが——野口さんの効果は素晴らしいと感じます。野口さんをはじめ、アニメ映画の経験がある効果さんは音を厚くつけることができるので、実写でも通用すると考えているんですよ。僕が厚い音を好きなのは、もともとが実写育ちだからではないかと思います。実写の場合は同録があり、そこには空調の音や、漏れ聞こえる周囲の人の言葉、皆さんの吐息といった多くの音が含まれ、厚みがあるんですよ。これをアニメでも実現したい。テレセン時代に、工事現場の記録映画を担当したことがあるのですが、その時に先輩がトラクターの音、車のエンジン音などを足していく中、何の音かわからない音も足していました。「これはなんの音ですか?」と聞くと、画面の片隅に映っているものを指差して「これの音だよ」と教えてくれました。その音をつけても見ている人は気づかないですが、それをあえてつけるんですよ。そういった厚みのある音の付け方は、僕が先輩から教わったことでした。

録る段階で整音することを心がける

——「テレセンのことはプロの専門学校だと思っていた」というお話も出ていましたが、当時の経験が役立つこともありますか?

山田　テレセン時代の経験として一番よかったのは、未公開映画の海外音素材を多く聞けたことですね。例えば『タイタニック』（一九九七）が公開される二年ぐらい前に、仕上げ前の映像を見たことがありました。乗客がわーわー言っている声を、物語もわからないまま聞いていたんです。海外のアニメ映画だとピクサーの『バグズ・ライフ』（一九九八）なんかもあって、音楽と効果だけ音素材をもらって聞いてました。そういうところから音の作り方を学ぶことは多かったですね。当時の僕らは海外から届いたものをかなり細かく聞けていたんですよ。

今はそんなことないかもしれませんが、当時海外から日本に届く音素材は本当にいい加減で、画面と音がずれていたり、一部足りなかったりということも多々ありました。中には同録が抜けているものもあったりして。そういうところに気付き、時には新たに音を仕込む必要もありました。

――自主映画の整音をしていたとのことですが、そこから学ぶこともあったのでは？

山田　その通りです。なので今でもお金のない自主映画の整音をタダで手伝ったりしています。お金取ってない分文句も言いますけどね。「なんでもっと綺麗に（同録を）録ってこないんだよ」「もっといいマイク使えよ」なんて（笑）。自主映画って大体同録の音がひどいんですよ。電車の中で喋っているシーンなんて、ほぼ何言ってるのかわからない（笑）。そういうのを整音して、なんとか使えるものにします。お金をもらってないので社員に手伝わせるわけにいかず、全部自分でやることもあります。たまには社員に手伝わせて、その時に同録をどうまとめるか教えたりします。それってすごく勉強になりますからね。

――台詞収録にあたっても実写の経験が役立つこともあると思います。

山田　僕はエンジニアなので音集めはたくさんするんですよ。その時も実写的な考え方をします。このシーンだと実写だったら息してるよなとか、口を動かしてなくてもリアクションがあるよなとか、そういうことを考えていろいろと収録しておくんです。そうやって集めるだけ集めた音を、後から引き算していく感じですね。

加えて、収録の時には流れがいい台詞を録ることにも気を使っています。エンジニアは台詞の収録を0か1かで判断するところがあって、綺麗に録れていればいいと考えがちなんです。でも、そこに流れが感じられないとダメなんですよね。テレセン時代に斯波音響監督とお仕事をした際、僕の技術不足であまり録りがよくないテイクが出てしまったことがありました。それに斯波さんがOKを出されたんです。もう一度テイクをお願いしたところ、斯波さんは「(台詞の)流れがいいからOKだよ」と。最近になって、あの時斯波さんに言われたことの大切さを感じることが多々あります。

その大切さをうちの若いエンジニアに教えるため、「ドラマチックに録れよ」とアフレコ時に話すこともあります。ストーリーが感じられるような台詞を録らないとダメだよ、と。最近はそういう教育を受けていないエンジニアが多いです。外のエンジニアと組む時は、技術出身の僕らがそういったことを伝えていかなければいけないのかなと思っています。

――流れが悪くなりがちなシーンはありますか?

山田　小声で話すシーンは特に危ないですね。エンジニアが綺麗な音を録ることを優先し、小声のシーンにも関わらず、キャストに声を少し張らせてしまうことがあります。これをやってしまうと演技が台無しになってしまうんです。小声のものは小声で収録するべきです。それをオンで聞かせるのが技術の仕事ですからね。時々、役者さんの中で嬉しいことを言ってくれる人がいるんですよ。「ドンファンさんに来ると安心して台詞言えます。よそのスタジオさんだと（小声のシーンで）もっと声を張ってと言われるけど、ドンファンさんだとそう言われないので」と。これはミキサーが優秀だからできることです。役者さんにわかってもらえるのはありがたいですね。

——音を録るときに他に意識していることはありますか？

山田　僕が外のスタジオで収録する時によく言うのは、「ラッパ（スタジオのスピーカー）を適切な音量にして」ですね。音が大きい方が録音したものを確認しやすいので、ラッパの音量を大きくする人は多いです。でも、上手い人はモニターを絞ってもちゃんと録れるんです。逆に音が大きいと耳が疲れてきて、音の微妙な変化に気付けなくなってしまう。息を吸う演技なんかは大きな音で確認しても意味がないですからね。なのでエンジニアに「録る段階で整音しろよ」と教えるようにしています。

——山田さんにお話を聞いた理由に、庵野さんや新海さんの作品などメジャー感のあるお仕事をされていることに加え、会社経営についてお聞きしたいという面もありました。有限会社サウンドチーム・ドンファンの代表取締役を務められていますが、運営のこだわりはありますか？

山田　僕の会社は少人数制で、儲かったらその分社員に還元したいと考えているんですよ。組織が大きくなると半分は働いていないと思っているので。働いた人にはたくさん給料を出して、社員全員で幸せになれるといいなと。年に何回か食事会もするのですが、そういう時は普段行けないような高級店に行くようにしていますね。できたら社員旅行にも行って、みんなで贅沢ができたらいいな、と。

――経営にあたって苦労しているポイントはありますか？

山田　やはり社員の確保と教育は大変ですね。僕らの時代と違い、人を育てる苦労は大きいです。アナログの時代の方が教えるのは楽でした。今は全てがパソコンベースなので、仕込みを間違えても気づきにくいんですよ。助手がやったものに対し途中から僕が入り、やっているうちに間違いに気付いたとする。そうなると誰が間違えたかわからないじゃないですか。それで「どっちが間違えたの？」という話になっても、助手は絶対に「僕じゃないです」と言いますからね。そう言われるとこっちも自信がなくなって注意できなくなってしまいます。結果、自分がどこで間違えやすいのかが覚えられなくなります。

――サウンドチーム・ドンファンとしてスタジオ・ドンファンもお持ちですが、自前のスタジオはあった方がいいですか？

山田　スタジオを持つというのは、他の人にはお勧めできないのが正直なところです（苦笑）。もちろんプラスの面もたくさんありますが、スタジオの維持と最終的にどうするかを考えると……。それに、何かあった時のためにお金をとっておかないといけなくなりますからね。現在スタジオ・ドンファンは建てて十五年ほど経つのですが、最近は空調がダメになってきています。テレセンにいた時も空調には泣かされました。ビルの空調がダメになってくると音にノイズが乗りますから。スタジオ・ドンファンは、僕とはたが映画をやりたいという考えのもと、劇場でも使える一流の録音環境を作っています。そこに対応する空調を交換すると、それだけで何千万円もかかるわけですよ。加えてPro Toolsなどツールも日々進化しているので入れ替えをしていかないといけないんですよね。そこは頭が痛いところです。

――ご自身がこれまで関わった作品を振り返っていかがですか？

山田　正直なところ自分が関わった作品が面白いかどうかってよくわからないんですよ。『すずめの戸締まり』もしばらくして地上波で放送しているのをスタッフと集まって見て、初めて「これ、面白いじゃん」と思えました。作品を客観視するのって、それぐらい難しいんです。でも、作品が評価されると自分たちのやっていたことが間違っていなかったと思える。そういう意味では『シン・ゴジラ』が評価されたことは僕らにとってすごくいいことなんですよ。やっぱり世の中に受け入れられるものが正解だと思うので。「作品はいいけど音がダメ」なんて言われたら目も当てられないですからね。なので東宝に行った時なんかはスタッフに「今の主流の音はどんな感じ？」といったことを聞き、トレンドを押さえるようにしています。

COLUMN

2

アニメ音響の歴史
History of Animation's Sound

日本とアメリカの音響の違い

明田川進

Susumu Aketagawa

——明田川さんは、アメリカにはいつ頃行かれたんですか?

明田川　サンリオ在籍時代です。

——グループ・タックを経て、サンリオに行かれたタイミングですね。

明田川　サンリオで映画部を作るからうちの社員になってくれないか、という話があったんです。それでタックを辞めてサンリオの社員になりました。アメリカに行くきっかけを作ってくれたのは中川雄策さんです。中川さんは元宝塚スターの淡島千景さんの弟さんで、アニメーション分野でアメリカと日本との橋渡しをされていました。

——中川雄策さんはSteve Nakagawaとしても知られ、ハンナ・バーベラ・プロダクションやランキン・バス・プロダクションで活躍されたアニメーターですね。また、当時のサンリオは短編映画の『小さなジャンボ』（一九七七、原作・やなせたかし）や『チリンの鈴』（一九七八）を作っており、『親子ねずみの不思議な旅』（一九七八）で劇場長編アニメの製作をスタートさせました。『親子ねずみ』の制作はアメリカの会社が担当、多くのアメリカ人スタッフが参加しています。

明田川　その中川さんと一緒にやっていた増永隆（takashiの名義でも知られる）という方が、自分の企画を映画化したいとサンリオに来ました。タイトルは『星のオルフェウス』（一九七九、英題『METAMORPHOSES』）で、サンリオ社長の辻（信太郎）さんがその話に乗りました。サンリオはアメリカとの合作経験もあるし、アメリカにアニメスタジオも作った。僕はアメリカでアニメがどういうふうに作られるのか興味があってtakashiについてアメリカに渡り、映像と音の制作過程を勉強させてもらいました。

――増永監督による『星のオルフェウス』は六年の歳月をかけた大型プロジェクトでした。そこに参加されていたんですね。

明田川　ハリウッドに〝シネラマ・ドーム〟という、ワールドプレミアをするような有名な映画館があって、その目の前がサンリオ所有のスタジオだったんです。映画館は二〇二一年に閉鎖されてしまったんですけど、当時は『スター・ウォーズ』を見るため夜中に並んだりと、しょっちゅう映画を見に行きました。

――そんなすごい場所にあったんですね。アメリカと日本の仕組みで、大きく違ったの

はどこでしょうか。

明田川　アメリカではまず、絵コンテを元にレイアウトを作ると、レイアウトからライカリールと呼ばれる本編と同じ長さの尺の映像を作ってしまうんです。レイアウトや写真、絵コンテを切り貼りして、「こういうものを作りたいんだ」と提示する。メイン・アニメーターのところにはそのライカリールがあって、流れを確認しながら作画していました。

——それは音響作業にも影響しますか？

明田川　それはもう、一番影響があると言っても過言ではありません。日本はアフレコ（アフター・レコーディング）がほとんどですよね。アメリカはライカリールを作った時点で音を作っちゃうんですよ。

——プレスコ（プレ・スコアリング、台詞や音を先行して収録する方法）ということですね。

明田川　はい。ライカリールと一緒にどんな音が流れているのかを見てアニメーターは作業するので、アフレコをしません。そこが日本と最も違うところでした。日本の場合は絵を描きながら音も作って間に合わせていくから、最終的な画面がどうなるのか分からないまま手探りで制作を進めていくのですが、アメリカはお話の流れも全部分かっている中で作画をしていくんです。

——機材的にも日米の違いはありましたか？

明田川　違い、ありましたよ。アメリカは35ミリのシネコーダーがドーッと並んで一斉にそれが動き出すのですごい迫力でした。

――シネコーダーは、16ミリや35ミリのフィルムに磁性体が塗られたシネテープを使う録音再生機です。6ミリテープに録音された音素材をシネテープにコピー（リーレコと呼ばれる作業）し、それを使って映像に合わせて音を付けていきます。このときに音を録音するのもシネテープです。

明田川　日本は予算がないので16ミリのシネコーダーだったし、それもスタジオには5～6台しかない。だから音がいくつも重なるような場合は、事前にダビングして送り出す側のテープをまとめておく必要がありました。アメリカでは10台以上のシネコーダーが一斉に動き出すので、一度の作業で一気にできるんです。

――スケールが全然違いますね。

明田川　それから、「Todd-AO方式」というものがあって、それを最初に採用したスタジオでした。

――「Todd-AO」は70ミリフィルムのフォーマットですね。超ワイドスクリーンの「シネラマ」（3本のフィルムを同時に上映する）方式を1本のフィルムで実現しようと開発されたのがTodd-AO方式で、アスペクト比は2.20：1。明田川さんが渡米された七〇年代には、さらにアップデートされた35ミリフィルムを使う「Todd-AO35」方式になっています。音響も対応するように6トラックコンポジットの「Todd-AOサウンドシステム」が開発されていました。

明田川　効果部さんが三人ぐらい並んで、それぞれにミキサーがあり、音楽にもミキサーがあって、さらにメインのミキサーが一番後ろでドンと構えている。それでダビングをしていくんですが、日本よりロールが短いんです。だからちょっとずつダビングしていって、スケジュールにも余裕があったからあまり急かされることもなかったです。

――一方、日本の音響セクションでは3トラックでの制作が続いていた。トラック数の少なさに不便を感じませんでしたか？

明田川　不便というより、やるしかないですからね。ただ環境は同じでも、音響の作り方は進化していきます。変えたのが倉橋（静男、現サウンドボックス代表）さんです。実写畑だった倉さんに『幻魔大戦』（一九八三）の効果をやってもらって驚きました。それまで日本のアニメーションはカットごとに音をつければいいという考え方で、カットが変われば音も変わることに何の疑問もありませんでした。

ところが倉さんは、バックに何気ない音をずっと貼っている。次のカットへとまたいで効果音が続くことも当然あるでしょう？　という発想で、非常に臨場感のある作り方をしました。その頃から現実的な要素の多いアニメ、リアルさを求めるアニメが多くなり、倉さんの音の付け方にみんなが注目して、引っ張りダコになってしまいました。そこは困りましたけどね（笑）。

――倉橋さんに頼みたいのに空いていない。それほど業界に衝撃を与えた存在だったわけですね。

明田川　その通りです。台詞演出にまで影響を与えて、徐々にリアルな芝居が主流になっていきました。倉さんとの縁は『AKIRA』（一九八八）まで繋がっていきます。今は倉さんのところ（サウンドボックス）で修行した人たちや影響を受けた人たちが増えて、若手でも倉さんの思想に近い音作りをする人が増えてきました。

――台詞の整音は黎明期からどのように変化していったのでしょうか。

明田川　それこそ倉さんの登場が今の潮流への決定打になりました。最初は、アメリカから入ってきたテレビアニメの吹き替えのためにやっていたんです。オリジナルのミックスは音楽と効果音のレベルを台詞のタイミングであからさまなくらい下げる、というもの。これが台詞・音楽・効果音という3つの音を司っている日本のミキサーさんの哲学にもなりました。

でも僕たちは違うやり方で、もう少しリアルにやりたいと考えていた。だからミキサーさんとしょっちゅう喧嘩をしていました。こちらのやり方を試してうまくいかないこともありましたが、『幻魔大戦』で、リアルな芝居をやってもいいんだと確信に変わりました。

郷田ほづみ Hozumi Goda
若林和弘 Kazuhiro Wakabayashi

2

音響監督インタビュー［音と劇］

Sound Director's Interview ［Sound & Drama］

俳優・コントグループを経て声優・音響監督となった
郷田ほづみ氏のディレクションとはどのようなものか。
スタジオジブリ作品で多彩な俳優・声優のディレクションを行った若林和弘氏は、
いかにして作品に貢献したのか。
それぞれの「劇」についてのこだわりを聞く。

2-1

郷田ほづみ

Sound Director's Interview
Hozumi Goda

ごうだ・ほづみ／声優・音響監督・舞台演出家・大学講師。一九七六年、劇団魔天楼に入団し俳優として活動。一九八三年にニッポン放送「夜のドラマハウス：アマチュア声優コンテスト」で入賞し、声優としてデビュー。同時期にコメディグループ「怪物ランド」を結成。そのほか深夜バラエティ「ウソップランド」を企画・出演。以降、俳優・声優・タレントとして数々の番組に出演する。二〇〇〇年に『メダロット魂』で音響監督としてデビュー。同年、劇団湘南テアトロ☆デラルテを結成し、全公演の演出を担当。二〇〇八年に駒沢女子大学講師、二〇一八年に名古屋芸術大学客員教授に就任。

舞台の芝居からアニメの声優までが地続きだった

――大学の卒論テーマが唐十郎さんだったと伺いましたが、お芝居の入口としては小劇場的なものに重心を置かれていたのでしょうか。

郷田　そうですね。大学生の頃、学生演劇をしていて、役者として小劇場のお芝居に年間四本、五本と出ていました。一つの舞台の本番が終わると次の稽古に入るというスケジュールをずっと続けていて、その時から、誰かに演技を教えてもらったりしたわけではなくて、自分で模索しながらいろんな人のお芝居を見て、技を盗んでという感じでやっていましたね。当時はテレビや映画といった大きなメディアの作品に関われる機会はなくて、主に舞台の方でさまざまなチャレンジをしました。所属していた劇団が解散してからは、何かしら仕事をしなくてはいけない、自分にできることは何だろうと考えて、ショーパブでコントをしたり、後にラジオ番組のオーディションを受けて、声の仕事を頂いたりするようになりました。

——一九八三年には平光琢也さん、赤星昇一郎さんと三人でコントグループ「怪物ランド」を結成して日本テレビ「お笑いスター誕生」でグランプリを獲得され、お笑いの方で人気が出ます。お芝居寄りのコントで、キャラクターを作って演じるという度合いが高かったように感じました。

郷田　今思うと何だか恥ずかしい時代ですね（笑）。僕の中では、小劇場での演技、アニメーションの声の演技、ショーパブやバラエティ番組でのコントは、何かを演じるということで地続きで、どれも同じだったんです。

——劇団でのお芝居からアニメの声優まで、すべて地続きだったのですね。

郷田　もともと僕はアニメが好きで、声優という仕事にすごく興味を持っていたんですけど、声優は声だけで表現する俳優の仕事であり、俳優の仕事の一部だと考えていました。なので声優と俳優を分けて考えたことがありませんでした。

――声優としてのキャリアは一九八二年の『新みつばちマーヤの冒険』で始まり、一九八三年の『装甲騎兵ボトムズ』へと続いていきます。アニメの現場は、入ってみていかがでしたか。

郷田　それが、初回のアフレコは全然ダメでしたね。たった一言の短い台詞なのに、画面の口パクに合わせられない。合っていないことすら自覚できていませんでした。何度やってもディレクターさんに「パクってる」と言われていました。

――「パクっている」というのは、描かれている絵の口パクが余っている状態のことですね。

郷田　その時は〝前に〟パクが余っていたんです。役者は、絵の中でキャラクターの口が動いたのを認識して喋り始めるから、声を発するまでにタイムラグが生まれるんですよね。その分後ろに台詞をこぼすと、ちょうどいい長さになって、後からミキサーさんが揃えることでぴったりになるわけです。つまり出遅れた分を後ろにこぼす、ということをプロの声優さんは無意識にやられていたんだと思うんです。だけど僕は初めてだからそれがわからない。しかも誰も教えてくれなくて、その時は十回じゃきかないくらい録り直しました。大手の声優事務所に所属しているわけでも、声優学校で学んだわけでも師匠がいるわけでもなく、それまでは舞台で自由に演じていた身だったので、最初は戸惑いました。ガヤの収録があるということも知らなかったので、自分の台詞録りが終わってから帰っちゃったりして（笑）。そういった現場での流れや作法も知らないので、翌週のアフレコで怒られてしまいました。

――そこは教えてほしいところではありますよね。

郷田　とはいえアフレコに参加するならまず誰でもわきまえているくらいの常識ですからね。今思えばとんでもないことをしていたなと。そんな新人が来たら僕でも怒りますよ（笑）。ただ、声優として一番成長できたなと思っているのも『新みつばちマーヤの冒険』でした。この作品は一年ほどのシリーズで、持ち役に〝アリの隊長〟がありましたが、それ以外にも番組レギュラーとしていろんな種類の虫を担当したんです。見た目もキャラクターの個性も違うわけですから、同じにならないよう自分でお芝居を考えて工夫して演じるようにしました。毎週やらせていただいていたので、その演じ分けなどを通じてアニメのテンションがわかった気がしました。

――アニメのテンションというのは何でしょうか。

郷田　演技の中にはアニメに馴染む表現がある、ということです。基本的には舞台であろうが映像であろうが、あるいはアニメーションであろうが外画（洋画や海外のドラマ）であろうが、感情表現をするということにおいては共通だと思っています。ですが、アニメの場合はそこで描かれている絵以上の表現をすることで初めて声が絵にマッチします。演技が絵に負けていたらダメなんですよね。それが『新みつばちマーヤの冒険』をやっていく中で感覚的にわかったんだと思います。次に『ボトムズ』の現場に行ったら、見事にそれを抑えなきゃいけないキャラクターでしたけど（笑）。

――『ボトムズ』の主人公キリコ・キュービィーですね。キャスティングが決まっていかがでしたか。

郷田　嬉しかったですよ。声優の仕事をやるようになってからは、メインの役を担って一人前にならなければいけないという思いがありましたし、特に子どもの頃に見ていたような、ヒーローやロボットものの主人公をやってみたいと思っていたんです。僕が所属していたのは小さな事務所で、オーディションの情報自体が少なかったのに、何故か『ボトムズ』の情報が入ってきてオーディションを受けさせてもらえたんですよ。あれは嬉しかったなあ。

『ボトムズ』では、バニラ・バートラー役の千葉繁さんと共演し、そのお芝居にものすごく影響を受けました。役者としても表現者としても憧れましたね。千葉さんの演技はオンエアを見てもすごいじゃないですか。でもあれは放送のために音量がそれなりに均一化されているんです。スタジオで直に芝居を見ると、血管が切れるんじゃないかというぐらいのテンションでやられていて、ものすごい迫力なんですよ。圧倒されましたし、いい勉強になりました。

――『ボトムズ』の音響監督は浦上靖夫さんが担当されていました。『フクちゃん』（一九八二―八四）でもご一緒されていたかと思いますが、浦上さんとのやりとりを覚えていらっしゃいますか？

郷田　浦上さんはあまり詳しくは説明なさらない方で、近くに来て小さい声でぼそぼそっと声をかけてくださる。どうすればいいのかは、自分自身で模索しなければいけないような感じでしたね。ただ、言葉少ないながらにも、的確な指示をなさるという印象です。当時は音響監督という存在が何なのかわからないし、調整室の方にスタッフの方が大勢いらして誰が一番偉いのかもわからない（笑）。だから、役者に指示しに来てくれる方が浦上さんだった、という認識でした。

――その後、一九八〇年代はＯＶＡの『ボトムズ』に出演作を絞っているような状態で、一九九〇年代以降にテレビシリーズなどへの出演が増えていきます。そして、二〇〇〇年に音響監督としてデビュー

されました。どういった経緯があったのでしょうか？

郷田　当時、コントグループとして何年間か出演していた深夜番組などがすべて終わって、いろいろあってグループの三人がそれぞれソロで自由に活動しようということで事務所もバラバラになりました。僕は深夜番組のナレーションをずっと担当していたこともあって、ディレクターさんや業界の方にナレーションとしていろいろと声をかけてもらっていたんです。テレビドラマに出演しながら、ラジオ番組のパーソナリティやイベントのMCなどなんでもやっていたんですが、そんな時にゴンゾ制作のOVA『青の6号』（一九九八―二〇〇〇）の速水鉄役と、亡くなられた富山敬さんの後任として『銀河英雄伝説外伝 千億の星、千億の光』（一九九八）でヤン・ウェンリーをやってほしいというオファーをほぼ同時期にいただいたんです。『青の6号』の速水鉄は『ボトムズ』のキリコと似ているキャラクターでしたし、『銀英伝』で初代のヤンを演じられていた富山さんのことは昔から尊敬していました。運命めいたものを感じました。

――どちらも同年の一九九八年の作品ですね。

郷田　テレビシリーズ『ビーストウォーズⅡ 超生命体トランスフォーマー』（一九九八―一九九九）の主人公でライオコンボイ役が決まったあたりで、スケジュールの大半を声優としての仕事が占めていき、テレビドラマなどに出られなくなっていくんです。「もう俺、声優じゃん」という思いが強くなって、この時期にアニメの世界で頑張ってみようかなと真剣に考えるようになりました。

役者への演出経験をもとに音響監督に挑戦

――役者さんから音響監督へ転向する方はあまり多くないと思いますが、郷田さんの音響監督のキャリアはどのようにして始まったのでしょうか。

郷田　僕自身、もともと音響監督を目指していたわけではなかったのですが、元ADK（アサツーディ・ケイ）の片岡（義朗）さんに声をかけていただいたのがきっかけになります。

――片岡さんは『ビーストウォーズⅡ』にNAS（日本アドシステムズ）時代、プロデューサーとして関わっていましたが、そのご縁でしょうか。

郷田　片岡さんには『ボトムズ』をやった直後、イベントに呼んでいただいたことがあって、その縁が続いていました。僕は二〇〇〇年頃から小劇場の演出みたいなこともやっていたので、「役者への演出もやってるし、アニメのこともわかってるんだから、音響監督もできるだろう、やれ」と言われまして（笑）。興味はありましたから、よくわからないけどやってみようということで引き受けました。最初の仕事になる『メダロット魂』（二〇〇〇―〇一）ではアフレコ演出という肩書きでの参加でした。音楽まわりも手掛ける〝音響監督〟という肩書きとしては短編作品をちょこちょこやりつつ、『バンパイヤン・キッズ』（二〇〇一―〇二）が初めてのレギュラー仕事になりました。

――『メダロット魂』の前番組『メダロット』（一九九九―二〇〇〇）では声優・俳優でもある三ツ矢

雄二さんが録音演出という肩書きですから、連続して役者さんがアフレコ演出に関わっています。このあたり、片岡さんに何かお考えがあったのでしょうか。

郷田　どうでしょうかね。三ツ矢さんを引っ張り込んだり、僕を引っ張り込んだり。何か考えがあったのかもしれません。

――同じ演出というセクションですが、舞台は時間をかけて作っていくものですよね。一方で、アニメのアフレコはテストが一〜二回、本番一回と、スピード感が異なると思います。

郷田　確かに、アニメの収録は判断スピードを求められるので最初は戸惑いました。役者さんのお芝居を聞いて、これもありだけど、違うパターンもあるかもしれない……と迷っている暇がありません。それに監督にもさまざまなタイプがいて、細かくオーダーを出す方もいれば、お任せの方もいらっしゃいます。僕は音響監督としても師匠がいないので、いろいろと手探りで考えながらやっていました。それこそ、最初はダビングというのも、何をやることなのか全然わからなかったくらいです。ただ技師さんの進行確認に合いの手を入れるように「そうですね」「やってみましょう」みたいな返事を繰り返して、なんとかディレクションしていました（笑）。

――音響監督として音楽や効果音の演出もされることになりますが、そのあたりのイメージはどのように掴んでいきましたか。

郷田　先ほどのお話にもありましたが、アニメと舞台では作るプロセスが違うんですよね。アニメなどの映像作品は、基本的に台詞と音楽は別です。台詞を言う時に音楽が流れていることはありませ

郷田ほづみ

ん。一方で、舞台だと役者が演じているその場に音楽も流れますし、舞台演出では、効果を考えて音楽の入るポイントを決めていきます。僕にはそういった舞台演出の経験があったので、作品の流れの中でキャラクターの心情や状況にどんな音楽がハマっていくのか、感覚的に掴めたんだと思います。

——音響監督として音楽メニューを書くのは初めてだったかと思います。

郷田　そうですね。作曲家さんへの楽曲の発注はすごく神経を使っています。初めてメニューを書いたのは、『バンパイヤン・キッズ』でした。神南スタジオの社長の藤山（房伸）さんから、ある日突然電話がかかってきて、「新番組の『バンパイヤン・キッズ』で音響監督ね」と僕のスケジュールも聞かずに言うんですよ（笑）。無茶ぶりですよね。それで「メニュー表を出して」と言ってくるんですが、こちらはメニューって何だろう？　という状態。その時、たまたま第3話ぐらいまで藤山さんが書き上げた音楽メニューがあったんです。最初は自分で音響監督をやろうとしていたけど、いろいろと考えが変わって、僕に仕事を振ったのかもしれません（笑）。その藤山さんの作りかけのメニューを参考にして、「こうやって必要な曲を拾っていくのか」と読み解き、見よう見まねで残りを完成させました。

以来、音楽メニューを書く作業は未だに自己流です。自己流なのは音響監督の仕事そのものも同じで、役者として関わっているときは音響監督の仕事の範囲が全部は見えていませんでした。どこまでが音響監督の指示で、どれが監督の意向なのか。なのでわからないなりに模索しながらやっていましたね。

――そうして始まった音響監督の仕事は郷田さんにとってどういうものでしたか。

郷田　音響監督は、監督のイメージするものを役者から引き出すのが役割だと思っています。僕自身がいいと思った表現も、監督が違うと言ったらイメージ通りのものがその役者から出てくるまで録り直す。僕が監督とイメージを合わせて、そのニュアンスをなんとか言葉にして役者に伝えます。相手も人間ですし、違う考えを持っている場合もありますから、こちらの言葉を意図した通りに受け取ってもらえるかはわかりません。しかし役者の仕事は想像力が命なので、経験したことであろうとなかろうと、想像して演じてもらうことが必要だと思っています。

自分の経験を踏まえた言葉で伝えられるというのは、僕が現役の役者でもあるということが役立っているのかもしれませんね。それと役者の気持ちがなんとなくはわかるので、「ここはもう一回やりたいだろうな」と感じた場合はやってもらったりと、遠慮なくリテイクを出せることもあります。役者はタフな人が多いので、舞台の稽古のように何回かテイクを重ねることでさらに演技が良くなっていくことがありますね。

リアリティのあるお芝居を大切にする

――役者さんに演技を求める上で、ここは超えていてほしいといったような基準ラインというのはありますか？

郷田　僕の中の基準は、「リアルかリアルじゃないか」です。これをうまく言葉にできるかどうか自信がないんですけど……リアルな感情表現って、たとえ真面目な台詞でも聞いているこちらも心が動くし、面白いんですよね。マイク前の芝居の場合はきちんとした発声だったり発音が整ったりしていないといけないという最低条件はあるんですけども、それを踏まえた上で、アドリブ……つまり即興芝居であるかのように聞こえる台詞は、僕は最高だと思います。台本にない台詞を適当に言うという意味での即興ではなく、その瞬間思いついたように台詞が口をついて出てくるみたいな、そういうまるでアドリブのようなリアリティは欲しいなと思っています。

――それをディレクションではどのように伝えて引き出すんですか？

郷田　もうちょっとリアルな感じで、とストレートに言ったり、場面に即して「ここの心情はもうちょっと強いんじゃない？」とか、もしくは「あまり力まない方がリアルじゃないかな」などとリクエストすることもあります。

――あまり良い質問ではないかもしれませんが、現場によっては例えば感情表現が声に乗らないよう

な、ほとんど演技経験のない声優さんやタレントさんと向き合うこともあるのではないかと思います。そういう場合にOKラインに引き上げる工夫というのはありますか。

郷田　本人が感情表現がうまくできなくて何かでつまづいているんだけど、こちらでは対処しようがないという場合はあります。最近は本当に少なくなりましたけど……。アフレコ現場は、当然ですが声の仕事のプロフェッショナルが来る場所なので、本来そういう人はアフレコに来てはいけないんですよ。そうしないとディレクションではなく、演技指導をしなくてはいけなくなってしまいます。

――演技指導は、ディレクションとは違うのでしょうか。

郷田　延長線にあるものだとは思うんですが、実際に現場へ来ている方々というのは、そもそもすでにいろんな演技ができる方なんです。ただ、時にシーンや台詞に対する解釈が違っていて、演技の出力や表現が監督のイメージと違っているためにNGになることがあるだけなんです。でもその場合は、解釈の違いを修正すれば監督の望むものが出てきたり、音響監督である僕がやってほしいなと思う芝居が出てきます。この方向性を合わせる作業を、僕は〝演出〟や〝ディレクション〟という言葉で表しています。

それに対して演技指導というのは、テクニック的なことで立ち止まっている方に向けて、こうやるんだよと教えることです。これは〝やらざるを得ない〟場合もありますが、本来はないほうがいいことですね。その点で、他業種の方がアフレコに参加する時は悩ましくはあります。前もってある程度の技術や知識を入れておいてほしいとも言えませんから。

——もし読者の中に役者志望の人がいるとしたら、何かアドバイスできることはありますか？

郷田　そうですね……万人に通用するような的確な言葉というのは多分ないので、難しいですね。他の仕事を探したほうがいいんじゃない？　と一度は言わせてもらって（笑）。だけど中にはこれから羽ばたいていく方もいらっしゃるわけですからね。声優志望の人へは、「実写映画やドラマ、舞台など、いろんな表現をたくさん見た方がいいんじゃないかな」と伝えたいです。オーディションのテープを聞いていても、アニメばかり見てきたんだろうなという演技が本当に多いんですよ。みんな同じような芝居をするし、何より感情表現になっていません。アニメ声優のものまねみたいになってしまっていて、一瞬うまく聞こえるんだけど、その中になくてはいけないはずのハートが感じられないんです。もちろんアニメを見るのもいいですが、演技というのは人間が生身の身体で演じていくもの、身体全体で表現するものなので、実写の映画や舞台など、そういうものをたくさん見て学んでほしいなと思います。

——どこかで聞いたことがある演技と、心がない演技。この二つは似て非なるものがありそうです。

郷田　台詞というのは〝感情が動いた後に出る言葉〟ですよね。役者は台詞を喋るのが仕事ですけれど、いつの間にか、〝台詞を喋りたいだけの人〟になってしまうことがやっぱりある。新人の子で、経験が足りてなくて、自分だけで台詞を喋って満足してしまう人がたまにいますけど、そういう演技にはやはり心が感じられないですよね。それともう一つ、やはりリアリティの話になりますが、そのリアルが作品の世界観に合っているかどうかというのも重要だと思っています。

——それはどういうことなのか、詳しく伺えますか？

郷田　日常生活と作品の中でのリアルは違うということです。例えば、舞台作品ではものすごく大きな感情表現を求められる場合がありますが、それがその世界観や状況においてリアルに感じられたりする。そんな大きな感情表現は日常ではやらないし、やったとしても変わった人になってしまうだけなんだけど、ステージ上ではリアルとして成立します。僕は大学生の頃、このことに気づいて、演技をすることがより楽しくなりました。その時の感覚を未だに覚えていますし、それ以来常に大事なことだと思っています。「作品の中では、日常ではありえないようなテンションの喋り方が〝リアル〟になることがある」。人のお芝居の演出をする時も、その観点を判断の基準にしているところはありますね。

——そう考えると、音響監督というのは、そこにリアルを作っていく仕事ということですね。

郷田　さらに、ディレクションしたことによって監督のイメージ以上のものになるというのが理想です。想定していたものがあるとしたらそれを超えていく。その時に僕の中では「よりリアルなものになった」と結論づけることができます。役者から想像以上の芝居が出てくると嬉しいですし、そういう作品は絶対に面白くなるんですよ。

——役者が特殊だなと思うのは、台詞を発する時、自分の中にリアルを生むための動機や感情がないとダメだけど、台詞やシーンは役者から自発的に出てきたものではなくて、別の人が書いたシナリオや原作にあるところだと思うんです。この点についてはどう思われますか？

郷田　そうですね、だから役者には対応力が求められます。アフレコにある程度プランを立てて臨んだとしても、現場で全く違う方向性のものを求められることがあります。演じる役の中にそのディレクションが成立するための動機を見つけないと、役者はおそらく演じることができません。映像としてロパクの長さも決まっていますから、役者は決まっている台詞を定まった尺の中に収めることを目指します。こちらのディレクションと役者が準備したプランに折り合いをつけるためのディスカッションに時間がかかることもあります。そうして自分の気持ちに嘘をつかず、自分のこだわりよりもリクエストに応えられるよう演技プランの修正をする柔軟さを持つことはとても大事ですよね。これは僕が役者として作品に参加している時にそう心がけている、という話でもありますが。

音響監督とキャストを兼ねる際の切り替え

——郷田さんは音響監督を務める作品で、ご自身もキャストとして出演され、アンサンブルの一翼を担うことがあります。例えば、『ドルアーガの塔』(二〇〇八、〇九)では音響監督とともにメルト役のキャストを兼ねています。こういう場合は、全体のバランスを踏まえて自分が入るのがよいと判断しているのでしょうか。

郷田　これは誤解されないように言っておきたいのですが、僕が音響監督としてキャスティング会議に参加している時、自分の役を自分で決めたことはないんです(苦笑)。自分でやりたい役をやっているのではないかと思われるかもしれませんが、ほとんどは監督やプロデューサーから「この役は郷田さんにやってもらいますからね」と指名を受けてのことなので。そういうことでもないと、自分自身をキャスティングするなんてことはしません。

――直々にオーダーがあるんですね。

郷田　そうなんです。まあ、すでに音響監督として僕のスケジュールが取れているわけですから、これでスケジュール調整の手間を一人分省けるということも理由としてあるのかもしれませんが（笑）。いずれにせよ、オファーをいただくのであれば、わかりました、と引き受けます。音響監督であると同時に、他の現場では現役の役者としても活動している以上、いろんな役を演じたいという役者としての思いはありますから。

――仕事として、同じ作品で音響監督と声優を兼ねていることの難しさはありますか？　以前に他のお仕事で『ドルアーガの塔』のアフレコを見学させていただいた時は、全体を録り終わった後に、別録りでメルトを演じられていました。

郷田　声優として演じる際、余計なことは考えず、役者モードに切り替えて監督に判断を委ねています。たまに都合よく音響監督モードに戻って、「今の台詞をもう一回」と、役者としての悪あがきをしてリテイクすることもありますが、判断は監督にお任せしていますね。あと音響監督としてのディレクションの作業でかなり消耗するので、毎回自分の収録もするというのは大変だったりします。時間的なこともありますから、何話分かをまとめて録るようにしたりしています。

――収録で印象に残っている出来事はありますか？

郷田　僕が初めて音響監督として入った『バンパイヤン・キッズ』は、主役のナンチアーテ伯爵を愛川欽也さんに演じていただきました。愛川さんが『いなかっぺ大将』（一九七〇）でニャンコ先生を担当された頃はまだ三十代のはずですから、約三十年ぶりのテレビアニメへの出演でした。昔に比べると今のアニメはとてもテンポが速いので、おそらくやりづらかったのだと思います。初回は全員でアフレコしましたが、ご本人の希望だったのか、どういういきさつだったか忘れてしまったのですが、愛川さんだけ別録りすることになったんです。全体のアフレコは夕方からだったんですが、愛川さんだけ午前に来ていただいてワンカットずつ録っていきました。大変は大変だったんですけど、愛川さんが面白く演じてくださるし、台詞にはないアドリブを入れられそうなところをこちらで見つけて無茶ぶりをしてみると、楽しんでやってくれるんですよね。収録方法も相談しながら進めていけましたし、信頼関係も築けたなと思っています。

シーンの積み重ねの結果、キャラクターが生きてくる

――関わられた作品を振り返ると、『ひぐらしのなく頃に』（二〇〇六）、『ひぐらしのなく頃に解』（二〇〇七）、『純情ロマンチカ』と『純情ロマンチカ2』（二〇〇八）、『世界一初恋』と『世界一初恋2』

（二〇一一）……これらは今千秋監督とのお仕事でした。

郷田　『ひぐらし』は原作者の意向を尊重しながら、監督の狙いを汲み取ってどう役者に伝えるか、という部分に気をつけた記憶がありますね。シリーズでやった『純情ロマンチカ』では、初めてBLの魅力を知ったと言っていいかもしれません。今作はピュアなラブストーリーで、人が人を好きになることの純粋な気持ちを、BLを通じてまっすぐに表現している。人が人を好きになるというのはこういうことか、と思いながらやっていました。日常の些細な出来事や、感情の揺れ動きなど、細かなニュアンスを録っていくのは面白かったですね。

――「伊藤潤二『コレクション』」（二〇一八）、「伊藤潤二『マニアック』」（二〇二三）はキャストがエピソードごとにほぼ入れ替わる作品なので、収録が大変だったのではないでしょうか。

郷田　毎回、全員のキャラ作りから始めるので大変でしたね。テレビシリーズだと役者さんは最初の1話でどういうキャラクターなのかを掴んで2話以降やりやすくなるものですが、これは1話完結の作品なので、毎回ゼロから作り上げなければなりません。放送回によってはAパートで一つのお話が終わりということもありました。でもその分、役がばっちりハマると喜びも大きかったです。

――それこそ伊藤潤二さんの世界は演技にリアリティがあるとコワ面白さが増すところですよね。

郷田　田頭（しのぶ）監督もキャスティングの時からそんなことをおっしゃっていました。求める演技の方向性がはっきりしていて、劇団の方や外画（洋画）の経験がある方をできるだけ呼んでほしいという要望もありましたね。

――『魔入りました！入間くん』は二〇一九年から始まり、二〇二三年まで全３期にわたり合計65話が放送された長期シリーズとなりました。

郷田　『魔入りました！入間くん』はある種苦労しましたね。少年チャンピオンで連載している漫画作品で、僕は原作ファンだし、オンエアされたアニメも視聴者として普通に楽しめた作品なんですけども、登場人物が多いんですよ。テンポも速く、被っている台詞が多いために別録りして後でタイミングを合わせる必要があり、結果として収録にかなりの時間がかかりました。第1期の時はコロナ前だったので全員で収録ができていましたけど、それでも午前十時から十五時までのスケジュールをめいっぱい使って、休憩なしで録っていました。加えて僕はナレーションも担当していたので過酷な現場でした……（笑）。

――主人公の入間くんをはじめとして、悪魔学校にいる一人ひとりのキャラクターが見事に立っているのが印象的でした。ディレクションで工夫されたのではないでしょうか。

郷田　魔界がどんな世界なのか実際のところは知らないですが（笑）、シーンごとに目的を考えていくことで、その背景世界をリアルにしていくことができると思います。そういったシーンの積み重ねの結果、キャラクターが生きてくるということに繋がります。なぜそのシーンが描かれているのか、シーンの目的をどう理解しているのか。与えられた役の大きさに関わらず、役者がそれをわかっているとうまくいきますよね。演技のどこかに嘘があるとやっぱりバレてしまうと思うので、それをできるだけ解消していく。『入間くん』で大勢のキャラクターをバラエティ豊かに見せることができたのは、出演いただいた役者の皆さんに力があったからです。役者さんのおかげですね。

――『入間くん』では郷田さんの担当されたナレーションが作品の色を決める重要な要素だなとも感じました。

郷田　僕の中では別の方でイメージがあったんです。でも先ほどお話したように、キャスティング会議でナレーションの話題になった時にプロデューサーから「ナレーションは郷田さんですよ」と言われたんです（笑）。他の役者さんと絡まない分迷惑もかけないし、まとめての収録もやりやすい。じゃあ、ということで引き受けました。

――『Do It Yourself!! -どぅー・いっと・ゆあせるふ-』（二〇二二）はオリジナル作品でした。作品理解の方法として、原作のないオリジナル作品では何を手がかりにしていくんでしょうか。

郷田　まず、テレビアニメの場合はかなり早い段階で音楽メニューが必要になります。その段階で手元にあるシナリオを読み込んでいく。『DIY!!』は近未来の設定ですが、女子高生の日常ものの作品という括りで理解していきました。

――お芝居についてですが、第1話から役者さんの演技にキャラクター性への迷いがなかった印象です。どのようにディレクションされていたんですか。

郷田　『DIY!!』に関して言えば、オーディションの段階でかなり絞り込んでいったんです。「この人がいいだろう」と全員が納得するまでやっていたので、第1話のアフレコの段階で違うかな、と思うようなことはなかったです。キャスティングを通して、事前にキャラクターと役者とのすり合わ

『Do It Yourself!! - どぅー・いっと・ゆあせるふ -』
音響監督：郷田ほづみ

せができたのが大きかったのではないかと思います。メインキャストを全員オーディションで決めて、米田（和弘）監督やプロデューサーの中にあるイメージと、実際の声をすり合わせながら作っていきました。これは大体の現場でも同じです。まず監督のイメージがあって、それと役者さんとを照らし合わせていく。実際、アフレコの前に声優さんたちに集まってもらって、台本の読み合わせもしました。

――現在は、絵が完成しきっていない状態でアフレコをする場合が多いと思います。そういう場合、音響監督としてはどのあたりに気を配るのでしょうか。

郷田　アフレコではコンテ撮や線画の状態だったりするので、監督や作画の演出さんに、どんな表情の芝居にするか、例えば開いた口の大きさや目の強さなどのポイントを確認していきます。役者さんは未完成の仮の絵であってもそれをガイドにするしかないんですが、監督と話して、「今の絵はこうだけど、実際には口はもっと大きくなるので」などと伝えて、芝居を組み立ててもらうように指示をしたりします。

役者さんについては、キャラクター表をちゃんと見てもらって、収録前にある程度キャラクターを把握してもらうのが第一歩ですね。あと第1話は他の話数と比べて絵が結構出来上がっているんです。それが第2話以降、だんだんなくなっていく。第1話が色付きで表情も決まっている状態であれば、そこでキャラクターを掴みやすいし、演技の方向性も固めやすいです。

ただ、一方で絵が決まっていないことのメリットもあるんです。アフレコで監督と相談して台詞を変更する場合もなくはないですし、逆にお芝居がよくて良いものが録れたので、監督が「絵の表情を変えます」という場合もあります。なので絵作りと同時進行で作り上げることは、役者さんの芝居が活かせるという強みになっているところもあります。

――日常的な世界の作品の場合と非現実的な要素が多い作品とで、音響監督としてのアプローチや考え方は変わってきますか。

郷田　そこは変わりません。どちらも楽しいですよ。BL作品や『DIY!!』といったごくごくありふれた日常を描いた作品も作りものといえば作りものですし、一方で、誇張という言い方はしたくないんですが、極端であったり特殊であったりする世界の作品――時代劇であろうとSFであろうと――そこにもリアリティは存在すると思うので、やらなければいけないことは一緒なんです。そこで人間の感情をどのように表現するのか。監督がイメージしているもの、音響監督の僕がイメージするものを役者が表し、ともに作り出していく。そしてそれをお客さんに見てもらって楽しんでもらう。役者さんに演じてもらった台詞と、作曲家さんに作ってもらった音楽と、効果さんにつけてもらった音がすべてマッチして、オンエアで視聴者と同じ気持ちになって楽しめたとき、音響監督の仕事の面白さをより感じます。

2-2

若林和弘

Sound Director's Interview
Kazuhiro Wakabayashi

わかばやし・かずひろ／初代『うる星やつら』（一九八一）を見てあまりの面白さに制作現場への見学を決行し、その場の勢いでスタジオ入りを決め音響の世界へ。仕事をしながら音響を学び、のちに斯波重治氏に師事し音響における演出と制作を学ぶ。その後いったん退職するが、押井守監督からの熱意で現場へ復帰。会社経営をしつつ音響監督を続けるが、リーマンショックの影響も鑑み社を廃業。現在は京都精華大学で教鞭を振るいつつ、フリーランスとして音響の仕事を続ける。

ラジカセの録音で養われた、画から音、音から画を想像する力

――若林さんはもともと芝公園にあったニュージャパンスタジオでアルバイトをしていたそうですね。音響に興味を持ったきっかけは何だったのでしょうか？

若林　中学時代、仲間内で『マカロニほうれん荘』という漫画が流行っていたのですが、下校中に「俺

がきんどー（金藤）ちゃんね」なんて話をして、作中の台詞を三人で読み上げたものをラジカセで録音してお互いゲラゲラ笑っていました。その時に自分の喋っている声と録音して聞いた声が違うということに気付いたんですよ。加えて、録音したものをオーディオ専門店に持って行き、コンポ（コンポーネントステレオ。スピーカー、アンプ、プレーヤーなどの独立したコンポーネントを組み合わせたステレオセット）で聞くと音の聞こえが良くなることを知った。どうしてそういうことが起こるのかがずっと頭の中で引っかかっていて……。それから数年ほど経った頃、『うる星やつら』（一九八一－八六）のアニメが面白いと話題になり、その収録をニュージャパンスタジオでやっているという情報を知人が仕入れてきたんです。それで興味本位で訪れることになったのがきっかけです。

――わりとミーハーな理由だったんですね。

若林　はい。でも、現地に着いたらその日は収録が飛んでしまっていました。一緒に行った知人は興味を失って帰ろうとしたんですが、僕は「よかったらスタジオを見学させてくれませんか？」と話をして、機材や設備を見せてもらうことにしたんです。そうしたら案内してくれた人が「君、音響好きなの？」と。その質問に「はい！」と答えたら、それまで働いていた人が一人辞めてしまったらしく、人手が足りないとのことで「バイトしない？」と誘われました。そういった経緯で、なんの知識もないままニュージャパンスタジオでアルバイトをし始めました。

――アルバイトとしてはどのような作業をしていたのでしょうか？

若林　お茶汲みなどの雑用から始まり、機械の掃除やマイクのセッティングを少しずつ教わりながら覚えていきました。いわゆる見習い的な仕事ですね。それからアフレコの時に映像を映し出す、映写技師の仕事を徐々に任せてもらえるようになりました。その頃には「ここで社員として働かないか？」とお誘いをいただき、そのまま入社することを決めました。ただ、入社当時の給料は本当に安く、とても生活していけるものではありませんでした。当時住んでいた家の家賃を払ったら手元にろくにお金が残らないような状況でしたが、交通費が支給されたのと、先輩にお願いすればご飯をご馳走してもらえたのでなんとか暮らしていけました。時代ですよね。そこから徐々に仕事を覚えてできることが増えていき、それに合わせて給料は倍々に増えていって、生活に困ることはなくなりました。

――当時の仕事で大変だったことはありますか？

若林　とにかく機械の扱いに関して厳しく言われていました。機械に触れるスタッフの皮膚よりも機材の方が大事という考え方で、かなり丁寧に扱っていましたし、掃除が大変でしたね。毎朝、四塩化炭素という強力な薬剤で映写機をはじめ、フィルムやテープの当たる部分を全て拭くんですよ。それも指紋が一つも残らないぐらいまでしっかりと。そのせいで手は真っ白になっていました。ただ、これもやり方を覚えてしまえばそんなに難しい作業ではありませんでした。

――仕事は楽しかったのでしょうか？

若林　すごく楽しかったですよ。当時はまだ音響作業が全てアナログで行われていました。なので、見ていると作業工程がある程度理解できたんです。先輩方の作業を見ながら仕事を覚えていった感じでしたね。アジマス（テープレコーダーにおける磁気テープの進行方向とヘッドの角度）調整やコンデンサーの調整も、仕事をしていくうちに自然と身につきました。そのうちに、機材は早めに電源を入れ、暖機した方が安定して稼働するといったこともわかってくるわけです。それで九時半出社だったのを自主的に三十分早めて、事前に機材の電源を入れておくようになりました。それによって作業を早く終わらせて、余った三十分間で機材をいろいろと触らせてもらっていましたね。とにかく早く仕事を覚えたい一心でしたから。

――楽しいからこそ知識を深めていけたと。

若林　そうですね。僕自身、音響の専門学校に行っていたわけでもないので、音響機器についての知識がないまま仕事を始めた状態でした。おかげで先入観なく機械の使い方を覚えられたのはよかったと思います。専門学校出身の先輩の中には知識というか理屈が先行し、なかなか機材の使い方の応用を覚えられない人もいました。対する僕は理屈を抜きにして「こういうものだ」と覚えることができたので、飲み込みも早かったのかもしれません。結果、どんな機材でも一通り扱えるだけの知識が身につき、先輩からは重宝してもらえていたように思います。

――当時関わった作品で記憶に残っているものはありますか？

若林　映写技師として携わった中では『愛の戦士レインボーマン』（一九八二―八三）や『まんが日本史』（一九八三―八四）、一作目の『キャプテン翼』（一九八三―八六）などがありましたね。『まんが日本史』の時は途中から台詞編集を任されたり、その後の『キャプテン翼』では音楽の編集に加えて一部選曲も担当しました。音響監督の山崎（宏）さんから「ここは君が好きな曲を選びなさい」と指示をいただいて選曲する。それに対して良し悪しのアドバイスをもらう感じでしたね。その時に山崎さんから教わったのは、「曲のイントロからアウトロまでを使わないとダメだ」ということでした。曲の最初から最後まで全てに作曲家の意図が詰まっているから、その全てを活かさないといけないよ、と。

――当時は編集を6ミリテープでやっていたわけですよね。

若林　そうですね。音楽編集する場合は、その6ミリの磁気テープをハサミで切って繋げる必要がありました。なので編集を繰り返しているうちにテープがボロボロになってしまい、それを捨てて再び新しい6ミリテープにコピーし直さなくてはならなくなります。そこでバイアス編集といって、3ヘッドの機材（消去・録音・再生の3つのヘッド）を使って、コピーする時に録音ボタンと消去ボタンをうまく使って編集するんです。まず最初に使いたいところまで再生し、何小節分かを併走して走らせて、途中から繋ぎたいところでポンと録音ボタンを押して繋ぐというやり方です。そうするとテープを切る必要がないからボロボロにならずに済んで、テープ代が節約できるんです。秋葉原にテープを買い出しに行く手間も費用もかからないので、この手法を身につけたおかげで諸先輩方からは褒められていました（笑）。

――当時から音響監督になりたいという意志はあったのでしょうか？

若林　いえ、そういうことは全く考えていませんでしたね。ただアニメ作りに参加できればそれでよかった。僕は絵を描くのが全くダメなんですよ。何度か挑戦してみたけどセンスがなくて……。それで絵以外の方法でアニメに関わりたいという想いがずっとありました。加えて、アニメを面白くする〝画〟以外の要素にも興味を持っていたんです。〝画〟はもちろん綺麗な方がいいけれど、アニメの面白さはそれだけでは決まらないと感じていましたからね。その中で音響を選んだのは、中学時代に買ってもらったラジカセの影響が大きいかもしれません。当時はまだビデオデッキが普及する前で、僕の家にもなかったんですよ。なのでテレビで放送されていた『宇宙戦艦ヤマト』（一九七四―七五）などをラジカセで録音し、その音を聞きながら画を思い出して楽しんでいました。おかげで画から音、音から画を想像する力が養われたのだと思います。これもアニメ音響に興味を持った一因ではないかと思います。

〝自分が介在した意味〟を持つべきという教え

――その後若林さんはニュージャパンスタジオを離れることになります。

若林　本当はニュージャパンスタジオを辞める気はなかったんですよ。ただ、先輩が当時の社長と喧嘩して共に退職することになりました……（苦笑）。それからしばらくは地元の横浜に戻ってアルバイトに明け暮れる日々でした。そんな中、ある日家に電話がかかってきて、出たらニュージャパン時代にお世話になっていたオムニバスプロモーションの斯波（重治）さんの声がしたんです。それで「音響の仕事は好きか？」「バイト頼んだらやるか？」と聞かれまして。

――ニュージャパンスタジオ時代から斯波さんと縁があったのですね。

若林　そうなんですよ。斯波さんが音響監督を担当していた『うる星やつら』に映写マンとして途中から最後まで参加していました。斯波さんが僕を覚えていてくれたのは、実はある出来事がきっかけだと思っていて。

――それはどういった出来事だったのでしょうか？

若林　斯波さんがある日、『うる星やつら』のとあるエピソードのオチの音をどうするか――そのエピソードの終幕をどうするか？　というものでした――を悩んでいたことがあったんです。それに対して僕の中にはこうすればいいんじゃないかというアイデアがあったのですが、一介の映写マンが音響監督にものを言うのはおこがましいと思って黙っていました。その時にたまたま斯波さんがお手洗いに行かれたので追いかけて行き、二人きりになるタイミングができました。そこでこっそりと「こういう終わり方はどうでしょうか？」と提案をしてみたんです。その瞬間、斯波さんからは「え？」と睨まれてしまいました。急に声をかけたのでそういう反応だったのかもしれませんが、その後最終的に作品が仕上がった時は、斯波さんは僕のアイデアに近い形でそのシーンを仕上げてくれました。あれは嬉しかったですね。勝手な想像でしかありませんが、おそらく斯波さんはその時のやり取りを覚えていて、僕に声をかけてくれたんじゃないかと思います。

――斯波さんから頼まれたバイトはどういった内容だったのでしょうか？

若林　当時カナダ、アメリカ、日本による合作映画で『ケニー』（一九八七）という作品があったんですよ。その作品の吹替の台詞編集を頼まれました。作業は東京テレビセンターでやりましたね。その仕事が終わった時に「ギャラを払うから会社（オムニバスプロモーション）に来なさい」と言われ、伺ったら「今後どうするんだ?」と。特に考えていなかったのでそう話したところ、「俺が音響の仕事を教えるとしたら、やるか?」と言っていただけたんです。それで待遇に関して打ち合わせをして、そのままオムニバスプロモーションへ入社することになりました。

——そこからしばらくは斯波さんから仕事を教わることになったんですね。

若林　そのはずだったんですが……。いざ入社してみたら斯波さんからは「お前は俺の仕事を見て覚えろ、やり方は教えない」と言われてしまいました。教えるって言っていたのに、騙されたと思いましたよ（笑）。それで斯波さんの仕事を見て習いつつ、許可をいただいた作品の選曲・編集作業をして、同時進行で音響制作の業務も担当するようになりました。声優さんの事務所に連絡して収録スケジュールの調整をしたり、台本の受け渡しのチェックをしたりと、そういった制作にかかわる内容です。加えて、当時オムニバスには音響監督である浅梨なおこさんが先輩として在籍していたので、浅梨さんのお仕事の手伝いもしていました。荷物を運んだりとか、雑用の仕事ですね。あとオムニバスは「海にゴミを捨てないで!」といったような環境PR映像の仕事も受けていたので、ロケのために車の運転手をすることもありました。東京～新潟～姫路間を一泊二日で移動したこともありましたよ。今にして思えば、よく帰って来られたなと思います。

——多様な仕事に関わりつつ、音響の仕事も同時に担当していたのでしょうか?

若林和弘

若林　そうですね。当時斯波さんが担当していたテレビシリーズのうち一作品の音楽編集を担当するのが主な音響仕事でした。まずは台本を読んで「ここからここまで音楽」と書いてあるシーンに適した音楽を選んでいく。時々「寂しい」「激しい」といったようなヒントが書いてありますが、大体の場合は何も書いてないんですよ。なので脚本の内容や映像から判断して、選曲や編集をする必要がありました。その時はニュージャパンスタジオにいた際の山崎さんからの教えが役立ったようで、かなり良い評価をいただくことができました。そうして作品に関わっていくうちに『らんま1／2』（一九八九）で初めて助手として〝録音演出補〟という形で名前を載せてもらえました。

――斯波さんは現在、すでに引退されていますが、当時はどんな様子でしたか？

若林　よく働き、よく遊ぶ人でした。忙しくなると週初めに数日分、多くて一週間分の着替えの入ったボストンバッグを持って出社し、週に一、二回しか家に帰らないような生活をしていらっしゃいました。そして仕事が早く終わっても遅く終わっても「遊ぶ」と決めた日は遊び仲間と出かけていました。ストレス発散だったと思います。なので私は麻雀の代打ちや雀荘の送り迎えをしたこともありましたね（笑）。当時は銭湯通いの生活だったので、会社に泊まっていると「若、風呂行くぞ！」と誘われることもありました。あとはとてもよく食べる方で、一日4～5食ぐらいのペースでしたので、一緒に行くことも日常茶飯事でした。一方で仕事に対してはすごく厳しい人でした。そのせいもあって、忙しい時期は僕も月七日ほどしか家に帰れない生活をすることもありました。

――斯波さんからのアドバイスで覚えていることはありますか？

若林　「〝自分が介在した意味〟を持ちなさい」ということですね。斯波さんは見て覚えろというスタンスの人だったので、言葉として受け取ったものはあまりないんですよ。なので、この言葉はよく記憶していて、今でもこの教えを心に刻んで仕事をしています。加えて、斯波さんが自身の仕事を〝音響監督〟ではなく〝録音演出〟と呼んでいたのも記憶に残っています。その理由には、一つの作品に立つ監督は一人であるべきという信念があった。音の面から監督のサポートをすることが自分たちの仕事だと考え、〝録音演出〟という言葉を使っていたんだと思います。

――斯波さんはもともと役者出身の音響監督ですね。キャストとの関わり方はいかがでしたか？

若林　関わり方を見ていて、役者の立場にすごく気を使っていると感じました。なので、アフレコの際に映像ができていないと演出や制作スタッフを正座させ、「お前らの仕事ができてないから役者がいい芝居をできないんだ！」と説教することも度々ありました。また、音響のことに無神経な演出に対しても厳しかったです。役者さんを守るために自分が盾となって喧嘩することも多かったので、役者さんからの信頼はとても厚かったと思います。僕も斯波さんを見習い、役者や音響スタッフのためであれば自分が盾になって闘うようにしています。

M-F　出雲の背負うもの・２分30秒以上

母・玉雲（たまも）が背負っていた九尾をその身に降臨させるという宿命。それを応用しようと企てた外道院の策略によって廃人と化した母を見る出雲。そして己を犠牲にしてでも唯一無二の妹・月雲（つくも）だけは幸せに過ごさせたいと、母の背負う重荷を代わりに背負っても構わないと決断する出雲。

そんな彼女の背負う「家の持つ宿命的憑依体質」と「何も知らない幼い妹だけは平和に過ごしてほしい」という思いを描く、まるで悲恋の様な誰にも頼れず「自己犠牲」でしか半生を表せない出雲が背負い込む「生」を描く曲です。

テンポ・普通位。編成・普通か少し薄め。イメージ・弦楽器や管楽器を使った母性の葬送曲

M-H　出雲、苦しみの果て、その愛・２分30秒以上

簡単に言うと、M-Fのウエットなバージョンです。M-Fが葬送曲的なのに対して、この曲は悲しくて辛くて…でも頼れなくて、どうしようもなくて…というニュアンスをメロディとして押し出して行く曲です。

テンポ・普通位。編成・普通か少し薄め。イメージ・管楽器に重きは置かず弦楽器メイン。

M-I　２重スパイ・２分以上（M-Rと１曲化させるも可）

イルミナティのスパイだった志摩。しかしその彼を咎めずに、敢えて２重スパイとして活動をさせようと言うメフィスト。その提案は吉と出るか凶と出るか…。そんな奇抜なアイディアを聞いたものが感じる、一種の緊張感を描いてください。

テンポ・普通位。編成・薄めで重め。イメージ・大胆さへの驚きと膠着に身が引き締まる

青の祓魔師　　音楽メニュー

M-A　忍び寄る変化・2分30秒以上

新たな敵・イルミナティの事を周知した上で現世の調和を重んじ、人間との共生を選んだメフィスト。彼が微笑みの向こうで感じている「終わりの予兆」を描く曲です。ストレスとコンプレックスの融合。

テンポ・普通位。編成・普通か薄め。イメージ・落ち着いたサスペンスが段々耳障りとなりストレスになる。

M-B　啓明結社「イルミナティ」・3分以上

メフィストの兄・ルシフェルを総帥と崇め、彼の思想にうたれた者たちの集団である「イルミナティ」。現世・人類の世界を消滅させ、悪魔の棲む世界・虚無界との融合を図る組織で、それが「本当の平和」と信じてやまない思想集団なのだ。　恐ろしくも壮大な思想を助長する、今作最大の敵組織（それが世界の平和のために正しい行いだと信じている人々の怖さ）を描いて下さいませ！

テンポ・やや遅め。編成・厚くて重い。イメージ・低温で底支えされた集団の持つ怖さ。

M-E　外道院ミハエル・3分以上

現在はイルミナティの中でルシフェルに認めて貰いたいが故に、人体実験を含む非人道的な行為を重ねる事も厭わない従順さを見せ、それがルシフェルを「消滅・死なない」様にする為に自分たちの体をも改造する研究者である。

そんな彼の純粋ゆえの狂気を描く曲です。曲の始めはロジックが保たれていたものが、曲が進むにつれて不快さをみせて行き、その不快さは本人だけ（演奏者だけ）が愉悦を感じているという自己満足の表現となり、それは他者には不快でしかない。という方向でお願い出来れば幸いです！

テンポ・普通位。編成・お任せ。イメージ・アドリブ的要素も可。他者には不快さ＝ストレスを感じる様なニュアンスに

若林氏による、『青の祓魔師 島根啓明結社篇』（二〇二四）の音楽メニューの一部。シーンに求められる楽曲のイメージや、曲の長さ（尺）、テンポ感について書かれている。音楽はKOHTA YAMAMOTO氏、澤野弘之氏が担当。本楽曲を含めたサウンドトラックが『青の祓魔師 オリジナル・サウンドトラック2024-25』として発売予定。

曲と物語がシンクロして進むよう、長めに音楽を発注する

――若林さん自身の音響監督としての仕事の仕方はどのようなものでしょうか？

若林　自分の場合、作品の制作過程を細かくチェックしながら関わるのが特徴だと思います。脚本や絵コンテはもちろん、原作ものの場合――特に指示がなければですが――原作も全て読み、その上で脚本打ち合わせやカッティング[*1]にも可能であれば立ち会いながら制作を進めていきます。最近はなかなかできませんが……。これは他の音響監督とは違う、自分で考えたスタイルですね。そうやって作品が完成していく過程や監督のやりたいことを綿密に把握するように努めています。そうしておくと作品の方向性が途中で変更などあっても、理由を納得した上で制作を行えます。監督のやりたいことを把握できたら、音楽にウェイトを置くのか、演者の演技面に力を入れるのか、効果音に注力するなら効果部とロケに行くのかなどを決めていきます。そして、監督のやりたいことを前面に出すのか裏に言わせるのかを判断して制作を進めます。そうやって深く理解をしたいと思って制作に密接に関わっていくため、一作あたりに長く時間がかかってしまうんですよ。なので本数を抱えられず、多数の作品を掛け持ちすることができません。

――このようなスタイルを貫いている理由はあるのでしょうか？

若林　一つには斯波さんに言われた〝自分が介在した意味〟を持つためという部分があります。加

えて、〝やれたのにやらなかったこと〟があると、強く負い目を感じてしまうのが経験上あって、また性格もその理由の一つになっていますね。僕自身、作品を良くするためにできることは全てやりたいんですよ。そうすれば急に今日、明日死ぬことになっても「やれることはやったから、いいか」と心安らかに逝けますからね（笑）。とはいえ、作品によっては音響監督が早い段階から制作に参加することを良しとしない現場もあります。そういう時は先方の希望に添いながら仕事をしていきますね。

――現場によってスタンスは変えていると。

若林　そうですね。制作サイドから見ると僕ら音響サイドは下請けになるので、元請けとしての一線を崩したくないと考える人もいます。そのあたりは現場の空気を読んで、誰がイニシアチブを持っているか――それがプロデューサーなのか、監督なのか――を観察しながら関わり方を探っていきます。斯波さんからは「見て覚えろ」と言われていたので、そういうパワーバランスの探り方も見習っている感じですね。おかげで「ここは踏み込んではいけないな」というところもスタッフの顔色と空気から大分感じ取れるようになりました。

――若林さんの今の仕事のスタイルはいつ頃確立されたのでしょうか？

若林　『BLUE SEED』（一九九四―九五）の時だと思います。本作の監督を担当した神谷（純）さん、助監督の加戸（誉夫）さん、シリーズ構成の荒川（稔久）さん、文芸のあみや（まさはる）さんはみんな同世代でした。それでいろいろと相談がしやすく、制作へ多角的に参加させてもらえるようお願いしました。この時に関わった人たちとは今でも交流があり、年二回ほど集まって食事会を続けているんですよ。今は一緒に仕事をする機会はなかなかありませんが、信頼できる人たちだと思っています。

——その後は菅野よう子さんが音楽を担当されている作品に多く参加しています。

若林　菅野さんとは『天空のエスカフローネ』（一九九六）でご一緒させていただいたのがきっかけで仕事がスタートしました。それで『攻殻機動隊 STAND ALONE COMPLEX』シリーズには菅野さんからの指名で参加することになり、その流れで『WOLF'S RAIN』（二〇〇三）も引き続きという感じですね。

——作曲家さんからの指名だったんですね。音楽発注の際に意識することもあるのでは？

若林　音楽を長めに発注するということでしょうか。一曲あたり最低でも2分、長いものだと6分ほどの曲を作ってもらうように意識しています。これは作曲家の方には負担になるので申し訳ないと思いつつですが……。でもそういった発注をすると作曲家は繰り返したメロディは使わず、曲の中にさまざまな展開を作ってくれるんです。それをできるだけ映像に合わせて、作り付けた曲のように映像へ選曲していく。曲の展開と物語がシンクロして進むように演出していくんです。いわばフィルムスコアリングに近い作り方ですね。それが一番高揚感につながると自分では感じているので、他の音響監督の方が関わった作品に比べて、一曲あたりの流れる時間が長いのではないかと思います。

時々目にする作品で、劇伴曲が細かく刻まれ、嬉しいときはこう、悲しいときはこう、とシーンごとにどんどん音楽を変えて演出されたものがありますが、僕はそういう演出はあまり好きじゃないんですよ。ギャグ作品は別ですが、この手法を多用すると視聴者に展開が予測されてしまい、繰り返し見て楽しめる作品ではなくなってしまいますから。それではせっかく作ったものが時代と共に廃れてしまうと考えています。作品そのものに対しても、視聴者の方が受け取って反芻した結果、賛否両論に分かれる作品であっていいと思っています。完全に決まりきった作品を作るのではなく、投げかけて終わりたいなという意識で取り組んでいます。

——そういったことを目指すとなると、作品に対しての読解力も必要かと思います。

若林　はい。作品の解釈を口頭で説明してくれる監督ばかりではないので、絵コンテやカッティングの映像からも、物語が描こうとしていることを読み取るのは大切です。この読解力は斯波さんとの仕事の中で身についたものだと思います。斯波さんは読解力が非常に高い方で、一緒に仕事をし始めた当初は「なんで分からないんだ！」と怒られることも多々ありました。それに対して「すみません！」と謝りながら、徐々に見て習うという作業の中でその力を身につけられた面は大きいです。

役者と向き合う際は様子を見てアプローチを変えていく

——音のプランニングはいつごろスタートするのでしょうか？

若林　脚本をいただいた時点で音楽や効果音の大まかなプランニングを始めます。そこに描かれている状況——例えばキャラクターが立っているのか座っているのか、どういう感情なのか、時間は昼なのか夜なのか——を目を閉じて想像し、そこに必要な音が何かをある程度考える。その中でキャラクターの大きな感情の変化が読み取れたら、「ここには曲が必要だな」と事前に仮組みしていきます。受け身ではなく攻めの姿勢ですかね。ただ、この姿勢が災いして監督とぶつかったこともあります。そうなってしまうと結果的に何もいいことがありません。なので現在はあくまでキャッチャーで、時にリードもするくらいのスタンスで臨んでいます。監督の中には自身の中に音のプランニングを明確に持っている人もいます。そういった情報は早めにキャッチして作業をしたいので、「アイデアがあったら活かしたいのでコンテに書いておいてください」と伝えることもあります。

——効果音のプランニングについてもう少し詳しく伺わせてください。例えば『アンデッドガール・マーダーファルス』(二〇二三)の1話の戦闘シーンの最後で主人公・真打津軽が静句の攻撃を受け止めた際、音が際立って感じられたのですが、効果音の与えるインパクトについて、あらかじめ想定されているのですか?

若林　金属の反響音を強調して入れたシーンですね。あの音については畠山(守)監督によって絵コンテに指示が書かれていました。『アンデッド』の制作は、監督からの依頼で映像に台詞と音楽をつけたものを毎話数ごとに事前にお渡しして、その音の良し悪しや長短についてフィードバックをもらいながら組み立てていくという流れでした。舞台が日本からヨーロッパなど転々と変わっていったこともあり、通常よりも時間をかけて制作しています。

効果音については、そこでどんな音が鳴っているかが作品の世界観を表現する大切な要素となって

『アンデッドガール・マーダーファルス』
音響監督：若林和弘

きます。なので都度効果さんにメモを送り、どんな音が欲しいかを伝えます。この時に、画面に描かれていない音をお願いすることもあります。例えば、長い会話シーンがあり、そのシーンにおける環境音の変化が乏しい場所だとしても、なんらかの変化が必要だと思った時は「ヘリ（または電車や車など乗り物の通過音）を飛ばしてください」と依頼したりもします。もちろんヘリが飛んでいておかしくない状況であれば、ですが。

――世界観によって環境音を付けづらいこともあるのでは？

若林　特に難しいのが、人気のない市街地です。田舎で森があるといくらでも環境音の付けようがあるじゃないですか。木々の揺れる音、動物の鳴き声など、いくらでも考えられます。しかしそれが市街地になり、周囲に人がいないとなると、工場の稼働音や商店の所作音ぐらいしか付けられる音がなくなってしまうこともあります。そういう場所が舞台となったときの音作りは大変ですね。

――生活音でいうと、例えば『さよならの朝に約束の花をかざろう』（二〇一八）でキャラクターの足音があまり聞こえずに人間味がやや薄く感じられるところなど、作品ならではの世界観に繋がっていると感じたのですが。

若林　村では裸足で生活しているという設定だったのですが、ペタペタした足音は大きすぎると違和感が出てしまうため、音量を絞って付けていたんです。足音自体は全部付けてもらいました。あの作品では日記を機織機で織るというのが日課という暮らしぶりを描いているので、その機織の音が入るようにしたり、水の豊かな世界なので自然を表す音を意識的に付けたりしてもらいました。もちろん鳥の鳴き声なども入っていますが、巨獣が現れるシーンでは鳥が怯えているはずなので鳴き声が入らないようにしたりと、それぞれの状況を想定して調整してもらっています。

――『さよ朝』ではアフレコの一年前に台本の読み合わせをやっていたと聞き、特徴的な作り方だなと感じました。作品によってさまざまな関わり方がある中、制作過程において最初のプランニングを見直すということはありますか？

若林　多くの場合、アフレコが終わってから最終的なプランニングを組み直すことになります。今はアフレコ後にカッティングが変更され、映像の尺感が変わってきますから。なので最初のプランニングではあまり詰めて考えすぎずに、大切なところだけを締めていく感じです。最終調整は全ての音が録り終わった後にやっていきます。

――キャスティングにおいて大切にしていることはありますか？

若林　キャラクターと共通する要素――例えば友達の多そうなタイプか少なそうなタイプか、インドア派かアウトドア派かなど――を持つ人を選ぶのが基本だと考えています。そういった要素は芝居でなく、台詞と台詞の間の呼吸や息遣いに現れるんですよ。一方で、逆の要素を持つ人をキャスティングする面白さもあります。明るい雰囲気の人に暗い役をやらせたり、あるいはその逆だったり。なので条件が揃えば意外性のあるキャスティングも視野に入れていきます。

――『アンデッドガール・マーダーファルス』における真打津軽役・八代拓さんも意外性のあるキャスティングでした。

若林　彼はこれまでは好青年の役か、熱血キャラのお兄ちゃん役が多かった。そんな中、八代さんが真打津軽役を取るため、オーディションですごく頑張ってくれたんですよ。作品の題材になっている落語をチェックし、それを自分の中に落とし込んでオーディションに臨んでくれた。その姿を見て「これは伸びるな」と思い、監督も選んでくれて八代さんをキャスティングできました。作品や役に対する役者のさまざまなアプローチは、作品をいいものにしてくれます。その熱意をできるだけ活かしていきたいですね。

――意外性のあるキャスティングをするにあたり、プロデューサー側と意見がぶつかることもあるのでは？

若林　それはあります。プロデューサー側としてはファンの想像に沿うような人選が安心できるし、場合によっては舞台挨拶で登壇かつ集客できる人気者だと助かる、というプロモーション的な思惑もあります。でも、そういったキャスティングの繰り返しだけでは何も新しい発見や変化が生まれず、行き着く先はアニメ業界全体の衰退です。そこまで理解した上でキャスティングを考えていかなければなりません。この問題は一部のプロデューサー側にも意識を持ってもらいたいと思っています。

――キャスティングにあたり全体のバランスを意識することもあると思います。

若林　僕の場合、一つの作品に多様な年齢の役者さんが参加するように意識しています。幅広い年齢層で構成されている方が、現場がなあなあにならないんですよ。年長者の方がいてくれるとそこに敬いの気持ちが生まれ、ほどよい緊張感が現場に生まれますからね。逆に同年代のキャストで固まってしまうと演技が小ぢんまりするのは感じていて……。

――演技が小ぢんまりする、ですか。

若林　はい。アニメーションの場合、その絵に〝合っているだけ〟の演技が出てくることもある。それっぽくやっていれば、ハマって聞こえるので、そういう演技を見ていると「小ぢんまりとしているな」と感じるんです。僕はそれでは満足できなくて、「なんでお芝居でキャラクターの絵を超えようとしないの？　もう一歩先を行こうよ」と思ってしまいます。役者には「自分が演じたからこのキャラクターはさらに厚くなった」と自信を持って言ってほしい。そうしないと作品の面白さに演技の良し悪しが依存してしまいますから。

――小ぢんまりとした演技が発生するのにはどういった原因があるのでしょうか？

若林　テイクに対してOKをもらいたいという意思が働いてしまっていること、あとは映像情報が希薄な収録現場が増えたことが原因の一つだと思います。その結果妥当な演技を理想としてしまい、小ぢんまりしてしまうのではないかと。僕らが役者に求めているのは自らディレクションを咀嚼し、役を超えてくる演技です。それがないとAIに演技を頼むのと同じようになってしまいます。

――なるほど。役を超えてくるお芝居で記憶に残っている方はいますか？

若林　例えば、大塚明夫さんですね。大塚さんとは新人の頃から仕事をする機会が多くありました。加えて世代も近く、自分の中に持っている語彙も共通していたので、ディレクションの理解が深く伝わりやすかったんですよ。ゲーム『ポポロクロイス物語』（一九九六年発売）では大塚さんにガミガミ魔王役をお願いしました。それまでの大塚さんのキャリアを考えると外れたキャスティングではありましたが、演ってくれると信じていました。結果、実に面白い演技を見せてくれましたね。

――演技のディレクションはどのようにしていくのでしょうか？

若林　役者と向き合う際は、相手の様子を見ながらアプローチを変えていきます。厳しく言った方が集中できる人もいれば、優しく言った方が効果的な人もいる。褒めないと心を開かない人もいますしね。そういった人の見極めはすごく大切で、相手のことを知るために共に食事をすることもあります。そしてそれぞれのタイプを踏まえて、収録ではまずは端的にサッと説明するようにします。多くの声優さんの場合、自分の考えたものを表現したくて演技の仕事をしているので、その気持ちが強すぎて演技に自分が出過ぎてしまうことがあります。一から十まで全部に気持ちを出してしまうと不自然になってしまうことがある。そこを抑えて、集約してもらって、出すべき時に出すというふうに差をつけることで、もっとやったように聞こえるようになるよ、ということなどは話をします。

――NGを出されるのを恐れて〝それっぽく〟演じてしまう。あるいは、気持ちがはやって過剰になってしまう。そういうことも起きるのでしょうか。

若林　宮崎（駿）監督が、専業の声優さんを起用しないのも、そういうところでした。キャラクターに合わせすぎてしまって、キャラクターを超えてこないところ。アニメというのは真実ではなく絵で描いた嘘の世界ですから、そこに生きている人間の感情を乗せないといけないのに、絵に合わせてお芝居をするだけでは、キャラクターは操られたマリオネットにしかなりません。絵で描いた嘘の方向に加速してしまうから、そういう演技をする声優を起用しないということなんだと思います。もちろんそれは、最近では絵がない状態でアフレコするのがあまりにも当たり前になって、そういう〝型〟でやったほうが無難であるという状態も背景にありますが……。一方で、オリジナル作品やそれに準じる作品を多く手掛けている監督さんになればなるほど、声優さんを起用しなくなるという傾向もあります。

――若林さんが音響監督を務めた作品に『もののけ姫』（一九九七）があります。こちらは声優出身でない方が多く参加されていますね。

若林　あのときは、宮崎監督が「これを最後にする」という発言をしたんです。そうしたら製作総指揮の徳間（康快）さんが「そう言うならお金のことは気にせず、好きなキャスティングをしなさい」となって。それで声優出身ではない俳優さんを中心に声をかけることになりました。鈴木（敏夫）プロデューサーも交えてあれこれ話をしたんですが、世代的にどうしてもベテランの俳優さんの名前が話題にあがることが多く、スタッフにそれぞれおすすめの俳優さんが誰なのかを聞いて、レンタルビデオを借りてその作品を見るなんてことをしてリストアップしていきました。そういった紆余曲折を経て、宮崎監督が一緒にやってみたい人、鈴木さんが会いたい人、周囲のスタッフが推薦した人で固めていきました。その上で自分が、それ以外の役を接着剤になるような形で埋めて決めました。

――キャストのラインナップから考えるとさまざまな事情があって、アフレコも別録りで行われたかと思うのですが。

若林　そうですね、やはり全員のスケジュールを合わせるのは困難でしたから。だからと言ってスタジオに一人ずつ入ってもらって収録するわけにもいきませんでした。閉鎖空間での一人芝居をしていると、知らず知らずのうちに声が小さくなりやすいですからね。本作で描かれている舞台は広大な環境で、声を張るシーンが多く、小声の演技になることは避けたかった。なので声が小さいと感じたらキャストの方と共にブースに入り、僕が相手役の台詞を読みながらアフレコしていきました。結果、アフレコだけで三週間ぐらいスタジオ入りしましたね。中でも大変だった方がいて……。名前は伏せますがご本人が宮さんの大ファンということもあり、アフレコ当日すごく緊張されていたんですよ。それで声がか細くなってしまい、なかなかうまくいかない。このままではいけないと思い、その方が普段使っている稽古場をお借りして、僕と鈴木さんも立ち会うという状況で、自分が相手役の台詞を読むという形のレッスンを丸二日行いました。

――レッスンではどのようなことをされたのでしょうか？

若林　先ほどもお話したように、別に絵に合わせて演技をする必要はないんです。絵に意識が向きすぎると人物像が揺らいでしまうので。ご本人が絵に縛られずに存分に演技してくれるのが一番ということで、それを引き出せれば活路は拓けると思い、意識を変えてもらいました。そこさえできたら、あとはシーンごとにこちらのディレクションで微調整してなんとかなると思っていましたから。

――その後もスタジオジブリ作品では俳優・タレントを中心にしたキャスティングが続きます。

若林　大御所も参加されるので、さまざまな苦労がありました。『もののけ姫』のときはヒイ様役の森光子さん、乙事主役の森繁久彌さんがいました。森さんからはアフレコにあたり「一人だと声にハリが出ない」とのお話があった。それで既に収録が終わっていたアシタカ役の松田洋治くんに事情を説明し、改めてアフレコ現場に来てもらって一緒に収録しましたね。

あとは『ホーホケキョ　となりの山田くん』（一九九九）のキクチババ役のミヤコ蝶々さんのときも大阪まで録りに行って時間をかけた覚えがあります。なんとか収録を終え、東京へ戻って台詞編集をしていたら、斯波さんから「お前、大変な仕事してるんだな」と声をかけられました。斯波さんに慰められたのはこの時ぐらいだったと思います（笑）。なので強く記憶に残っています。このように大御所から子役まで、さまざまなタイプの俳優に一人ひとり対応していくという経験を重ねた結果、対応力は鍛えられたと思いますね。押井（守）さんからは、本業じゃない人をうまく使えるヤツと言われたりしますが。

効率ばかりを求めず、絵を超えられるような音づくりがしたい

——若林さんはその後、音響監督として一線を退いていた時期もあります。

若林　当時所属していたオムニバスの代表から斯波さんが退き、その後いろいろあって……。そんな折に父親が倒れたという連絡が入り、いったんオムニバスを辞めて音響監督からも退いています。そこで本当は屋久島で新しい仕事を探して暮らそうと思っていたのですが……。

——戻ってくるきっかけがあったんですね。

若林　そうなんですよ。急に押井さんから電話がかかってきて、「何やってるんだ?」と。それで「音響監督やめて島で仕事を探そうと思ってます」と話をしたら、「ダメだ、お前と仕事するから戻って来い」と言われました。あの時は「なんて勝手なことを言う人なんだろうか」と思いましたね(笑)。それでプロダクション・アイジーの系列会社の株式会社K・i・K・I(前MIGエンターテインメント)の取締役に招聘され、『アヴァロン』(二〇〇一)で音響監督に復帰することになりました。その後は有限会社フォニシアを立ち上げ、会社として仕事を請け負っていましたが、二〇〇八年のリーマンショックごろからアニメの制作予算は下がり始めて、会社を持続させることが自分にとって難しくなると感じたんです。それでフォニシアは解散し、今はフリーで音響監督をやっています。

——現在の依頼の流れとしては音響制作会社から依頼があるのでしょうか?

若林　そうですね。楽音舎さん、グロービジョンさん、マジックカプセルさん、ピアレスガーベラさんなどから依頼を受けて音響監督を担当する流れです。使用するスタジオはいろんなところを転々としていますね。最近はスタジオごんぐさんにいることが多いです。僕の仕事は作業時間がかかるので、どこでも受け入れてもらえるとは限らないんです。ごんぐさんはそのあたりを理解して使わせてくれるのでありがたいですね。同時に、自分で借りたマンションに5・1チャンネルのシステムを作って使っています。

――音響監督を担当するにあたり、新しく登場する機材に対応するのも重要になってくると思います。

若林　それは大事ですね。常に勉強し、いろんなものを吸収していく必要があります。現状維持だと相対的には後退していることになりますから。僕が音響監督を始めて以降はPro Toolsの登場が大きな技術革新となりました。当初はPro Toolsも不便なソフトだったんですよ。すぐフリーズして頻繁に再起動する必要があった。それでもノンリニア編集（コンピュータを使い録画テープの進行順に縛られず自由に編集箇所を選べる編集方法）はテープを使わずに作業できるので制作費を抑えることができ、使わないわけにはいかなくなりました。

――ある程度ソフトが安定した後は便利になったのでしょうか？

若林　音楽の編集と効果音作業に関してはやりやすくなったと思います。ただ、台詞の編集に関しては便利でありつつも、無責任にいろんなことができすぎてしまうな、とも思います。結果、音響制作現場の方々の中に「台詞は収録後に調整すればいい」という考え方が広がって、弊害が生まれているとも言えますね。例えば、Pro Toolsのプラグインを使えば役者さんがマイクを吹いてしまった（強い息を吹きかけてしまうこと）ノイズなんかも消すこともできます。だいたい120〜200ヘルツぐらいをローカットするだけなので、すぐに調整できてしまうんです。中には全員の声に対してローカットを入れて収録する人もいます。ただ、それをやると役者さんの声の一部が消えることになり、声優さんの声——特に低音域が魅力的な男性声優さんの声——からはその声の魅力の一部が失われてしまいますので、可能な限り収録したそのままの声を生かしつつ、ダビング時に処理の判断をするべきだと考えています。

僕はアナログの時代を経験しているおかげで、デジタルに移行してもコンピュータ内での作業・処理やみんな（技術者など作業をする方）が何をやっているのかが理屈でわかるというところがあります。磁気テープに電気信号を送って記録するように、音を1秒間に48000ほどの点に分けて記録して、それを連続して再現することでデータになっていますが、その一つ一つはノイズです。デジタルしか経験していない場合、音を波形の形やデータの数値で覚えてしまい、ノイズをちゃんと認識できていない人もいると思います。ソフトウェアに依存した仕事になってしまっていて、結果としてちゃんとした録音、そして演出や構成が出来きっていないのではないかと感じることがあります。

——ツールに頼ることで「いい音をちゃんと収録する」という基本もゆらいでしまうわけですね。

若林　ピッチを加工したり、演技を無視してソフトを使い、声を面白くすることもできてしまう。でもそれって台詞の重要性が軽く扱われてしまうということですよね。演者は大変ですけれど、「ドップラー効果（音源が接近し遠ざかる時にピッチが変動する現象）って知ってる？」って無茶ぶりされて、自力でピッチの変動を演じてもらったほうが、面白くなりますから。

ただ、効率ばかりを追い求めて収録上の手間を惜しみ、短時間で収録を終えて低予算に対応するというのが今の業界の傾向なんです。これが突き進むと業界全体が先細りしていくのではないかと心配しています。近年、仕事を取るために単価を下げる音響制作会社もあると聞きます。業界全体が音響にかける予算を下げる方に進んでしまうと、これまで培われてきた音響技術は失われてしまいかねない。私たちの業界だけではありませんが、これはよくない流れだと思っています。僕が京都精華大学のアニメーション学科で講師をやっているのも、こういう状況に危機感を覚えてのことなんです。実際、卒業生で監督を務める教え子も出てきていますので、おこがましいとは思いますが、そういう意識を持った人たちをなるべく業界へ送り出したいなとは思っています。

――音響の仕事に長年携わる中で、印象的だったことはありますか？

若林　実写作品になりますが、海外チームと合同で制作した『アヴァロン』は、日米それぞれのオリジナリティや実写ならではのリアリティや意匠性があって面白かったです。その時にルーカスフィルムの音響部門であるスカイウォーカー・サウンドの設備を見せてもらったんです。そこには僕ら音響に携わる者にとって喉から手が出るような設備が揃っていて、非常に印象的でした。サウンドデザイナー一人ひとりにシンクラヴィアという一台2億円ほどもする機材が与えられていて、各々に試写室とミキシングルームも用意されているんですよ。加えて、音の収録のための体育館のようなスタジオもありました。その部屋は壁の角度や天井の高さを電動で調整でき、車やヘリコプターを搬入して動かしたり破壊したりしながら音を収録することができるんですよ！　あるいはオーケストラを入れ、理想的な音の反射を作って音楽を収録することもできる。これは日本では実現できない素晴らしい環境だと思いましたね。それだけ映像作品における〝音〟の重要性が、海外においては理解されているんだと痛感しました。

――それはスケールの違いを感じますね。音響の仕上げ作業にあたって目指すところはありますか？

若林　僕は絵の表現を超える音作りをしたいと思っています。そのために、ダビングで聞いた音をそのままテレビ放送に乗せたいと考えています。通常、ダビング作業を終えた後、音の最終調整をしてからテレビ局に映像を納品します。テレビ放送にあたってクリアするべき音の基準値があるためです。この基準値をクリアするために一律でコンプレッサーをかけて効果と音楽を下げ、台詞を聞きやすくして納品する人もいます。ただ、それでは監督の演出意図が失われてしまう場合があります。僕はそうならないよう、可能な範囲で、派手なシーンは大きな音にしたり、地味なシーンは静かな音にしたりと強弱をつけてシーンごとにまとめていきます。そしてダビングの時の音のダイナミックレンジを極力再現して、最大音は基準値が許される範囲で毎回ごとに個々調整し納品するように、大変ですがミキサーの方へお願いしています。

――最後に、若林さんにとって音響の仕事の魅力はどこにあると思いますか？

若林　作品をより大きく、広く見せることができるのが音響だと思っています。アニメーションの場合、絵に描かれているのが世界の全てだと受け取られがちじゃないですか。でも、本当は画面に切り取られた映像の上下左右、カメラと反対の背中側にも作品世界は広がっているはずです。そういう部分を補完・表現できるのが音響だと思います。そこに楽しさを感じて日々仕事しています。目指しているのは絵（画）がなくても楽しめる、音だけでその世界が伝わる作品を作ること。縁の下の力持ちとして、アニメーション制作を影から支えられたらと考えています。

＊1

制作工程において、本編の尺を調整する作業のこと。P.18掲載のワークフローの中で、「素材（アフレコ前編集済）」がカッティングによって作られたもの。

COLUMN

3

アニメ音響の歴史
History of Animation's Sound

ミックス作業とツールの変遷

明田川進

Susumu Aketagawa

——七〇年代の日本のテレビアニメはどんなふうにミックス（複数の音を調整しまとめる作業）を行っていたのでしょうか。

明田川　3トラックでやるのが基本でした。音声、音楽、効果それぞれ1トラックという形でもいいのですが、その内容次第で変わってきます。音楽がフェードインとフェードアウトする瞬間など重なってしまう場合はABロール編集（2本のテープを組み合わせて1本にする）で1トラックに収めることができますが、台詞でもガヤが必要な場面はそうはいきません。メインの掛け合いとガヤが同じロールに入っているとミキシングの際にバランスを取ることが難しくなるので、ロールを分けて別録りにして、これで2トラック使うこともやりました。3トラックの中でどうやりくりするかですね。

——なるほど。

明田川　ミックスで驚いたことがあるのは一九六八年に始まった『巨人の星』シリーズでした。効果は片岡（陽三）さんがやっていたのですが、シネテープにリーレコせず、全部6ミリテープでやっていたんです。

——6ミリテープはオープンリールの録音メディアで、テンションでテープを巻き取っていきます。

明田川　だからズレるんですよ。6ミリテープは、ヘッドが磁気パルスを読み込んで再生していますが、16ミリのシネテープと違ってパーフォレーション（テープのサイドに等間隔に空けられた固定穴）がありませんから、十五分くらい流しっぱなしにしていると何コマかズレてしまう。そこで一度ポンッとストップをかけてから動かすといった小技も使っていました。

——予算を抑えるために6ミリを採用していたんですか？

明田川　それもあると思います。なにせ16ミリや35ミリのシネテープは編集機材を揃えるだけでも大変。6ミリテープは編集が大変ですけど、機材費の負担は減りますから。

——最終的に声と音楽と効果音がミックスされるわけですが、同時に声のないME（台詞のみを抜いた音楽と効果音）も作る場合がありますよね。

明田川　『アトム』の時点で、もう海外番販（NBCテレビに販売された）をするというビジネスが始まっていました。そこで海外に売るために日本語の台詞は混ぜないでほしいという要望が出てきたんです。そのために日本語をミックスせず、音楽と効果を合わせたMEを別ロールとして作って、アメリカで英語の吹き替え音声を加えればいいようにしました。

その後、MTR（マルチトラック・レコーダー）の登場で音響の現場は大きく変わります。

――MTRは多数のトラックにそれぞれの音素材を入れてミックスダウンできる装置ですね。

明田川　8チャンネル、16チャンネル、32チャンネル……今ではいくつのチャンネルでもできるDAWも出てきました。最大6ロールだった効果音が12ロールで作業できたりと、効果さんのやりたいことがより実現できるようになった。

――アニメの現場でMTRが使用され始めたのは八〇年代に入ってからのようですね。

明田川　正確に把握していませんが、もともとは音楽業界で使っていたMTRを、音響の現場でも使えないか、と持ち込まれたのが始まりのようです。というのも新製品が出るごとに4チャンネル↓6チャンネル↓8チャンネルとスペックが上がっていき、音楽の現場では古いものをどんどん使わなくなっていくんです。そういうタイミングで、使わないMTRを映像の音響で使わせてくれる？　とやりだしたのがきっかけだと思いますね。

――音楽業界が先端を進んでいき、余った古い機械を効果音などで使う流れだったんですね。

明田川　ただ、本来音楽機材というのは音楽業界ではなく、映画のために開発されるものなんです。Fairlight（シンセサイザーとして誕生、現オーディオ・ポストプロダクション・ソフトウェア）やPro Toolsも映画のために作られました。非常に高額な機材のためアナログ機時代の日本では導入が遅れましたが、デジタル化が進む中で新設スタジオには最初から導入され、コンパクトにする方向に向かいました。それも変化の大きな潮目だったと思います。

――そういう設備投資は、音響スタジオの担う役割ですよね。

明田川　そうですね。例えばアオイスタジオは『アトム』で使って以来の付き合いでよく利用していました。ただ一時期、アオイスタジオでは台詞編集をしないというときがあって、利用が減った時期もありましたけれど。

台詞の編集はもともと音響監督がやっていた仕事だったんですが、それを徐々にスタジオがやってくれるようになったという流れがあります。そのアオイは、ステージミキシングができるスタジオなんです。ステージミキシングというのは撮影所が持っているような広い部屋（ダビングステージ）で、スクリーンに映像を写しながら音響効果のミキシングをするというもの。アオイスタジオにはそれがあった。ドルビーシステムを初めて導入しステージミキシングをし始めたのも、改良していったのも、独立スタジオとしてはアオイスタジオが初だったと思います。

――明田川さんが会長を務めるマジックカプセルも、スタジオを構えています。

明田川　うちのスタジオは東京に二つあって、総スタジオ数は全部で5つ。最近はそれでも足りなくて外部のスタジオも使っています。実写作品もやりたいと思っていましたが、今までお世話になってきて、自分にも一番合っている〝アニメの音〟に特化させています。とはいえ最近はゲーム作品が圧倒的に多いですが。最新のドルビーアトモスのシステムを導入したので、ダビングの要望も来るようになりました。ただ、35ミリフィルムを扱うなら東宝さんや東映さんのスタジオを使う方が早いかもしれません。

三間雅文×梶裕貴
Masafumi Mima x Yuki Kaji

鶴岡陽太×梶浦由記
Yota Tsuruoka x Yuki Kajiura

3

制作者対談［音響監督／声優・作曲家］

Creator's Dialogue ［Sound Director / Actor, Composer］

音響監督はいかに声優たちに接するのか。
音響監督はいかに作曲家とコミュニケーションをとり、
その楽曲を使いこなすのか。
梶裕貴氏と三間雅文氏、梶浦由記氏と鶴岡陽太氏。
互いの信頼関係から生まれるクリエイティブの魅力に迫る二つの対談。

3-1

Creator's Dialogue
Masafumi Mima × Yuki Kaji

三間雅文×梶裕貴

声優にとって欠かせない存在である音響監督

――まずは三間さんが音響の世界に入ったきっかけを伺えますでしょうか。

三間　きっかけは、オールナイトニッポンで流れた『宇宙戦艦ヤマト』のラジオドラマ（一九七七―八〇）です。面白くって、大学受験期にはよく聞いていました。そのうち別のラジオ局で高校生スタッフ募集というのを見つけて、僕はその時大学生になっていたんですけど、応募して。

梶　高校生スタッフ、ですか？

三間　そう。募集は高校生をターゲットにしていたから、高校生で企画を作れば興味を持ってくれるだろう、ということだと思うんですけど。無事に応募が通って、ラジオ局で出会ったディレクターにラジオドラマを作りたいという話をしたところ、局に入らないと作れないし、ラジオ局に入れるのは特定の大学を出た人だけだ、と。あいにく僕の通っていた日本大学はその特定の大学からは外れていたので、AM局に入るのは諦めました。就職活動でFM局にも入ることができなくて落ち込んでいたら、遠い親戚筋だった明田川（進）さんが「うちでラジオドラマ作るよ」とマジックカプセルに声をかけてくれまして。十年働きましたけど、結局ラジオドラマやらないんですよ。騙されました（笑）。

梶　やれなかったんですね（笑）。

三間　マジックカプセルに入って最初の仕事は助監督でしたね。谷村新司さんの『カードの中の女達』（一九八五／谷村新司の歌世界をドラマチックに映像化した映像集）というMTVの助監督。いわゆる体育会系の現場でもみくちゃになりながらの仕事でした。

梶　いきなり助監督になるんですか？

三間　いきなりなるんだよ。助監督のサードといって、立場としてはAD以下だったけどね。

――助監督には序列があり、ファースト、セカンド、サード……と数字が増えるほど雑用係に近くなっていくイメージです。

三間　監督に催促されてはいけないという不文律があって、助監督はみんな眠らず翌日の準備やロケハンをして、飯も全員分用意して監督が箸をつけたら箸を持ち、監督が箸を置いたらすかさず監督にお茶を入れる。マジックカプセルで音響監督（演出）として最初にもらった仕事はカセットブックの『ジョジョの奇妙な冒険』（一九九二―九三）や『るろうに剣心』（一九九四―九五）でした。そこが始まりです。

――のちにフリーランスになるまで、どんな経緯があったのでしょうか。

三間　その後まず、明田川さんの元を離れることになりました。当初フリーでやっていくつもりはなかったので、十数社に電話をかけて、いい返事をもらえた四社に仕事を見学させてもらいました。四社の音響監督さんはそれぞれ違った演出方法をしていて、自分は井の中の蛙だったと実感しましたね。ある人からは「（演出技術を）盗めるもんなら盗んでみな」と言われたりもして（笑）。斯波さんに出会ったのもこの時期です。「これが演出なんだ！」と雷に打たれたような衝撃でした。

――オムニバスプロモーションの斯波重治さんは、『未来少年コナン』（一九七八）をはじめ多数の作品を手掛けられた音響監督ですね。

三間　明田川さんの元でやっていた時、僕は人間トークバックみたいな状態だったんです。選曲は楽しかったけど、演出面では監督の言ったことを演者さんに伝えるだけという、誰でもできる仕事をしていた。斯波さんはそうでなく、監督の言った言葉をより深く役者さんに伝えて演技を引き出すという演出をしていました。「音響監督の手腕が、作品のクオリティに大きく左右するじゃないか！」

と衝撃を受けて、ぜひ入社したいと伝えました。何回か斯波さんに僕の仕事を見てもらった結果、「君は僕と演出がすごく似ているし、放っておいても大丈夫。いつ見学に来てもいい。だけど社員にはできない」と。斯波さんには当時、付きっきりで面倒を見ている人がいて、それで断られました。悔しかったですよ。くそ、斯波め……って。でも、その年末にオムニバスプロモーションの忘年会に「君はファミリーだから」ということで呼ばれたんです。それ以来、師匠って呼んでます。

梶　チョロいですね（笑）。

三間　やっぱり嬉しかったんだよ（笑）。斯波さんがいなかったら、今の演出スタイルを持つ音響監督としての僕はいなかったと思います。

――三間さんはアニメは小さい頃からよく見ていたんですか？

三間　いえ。基本的に見ていたのは実写ばかりで、子どもの頃はハンナ・バーベラ（アメリカの制作会社）の作品――『原始家族フリントストーン』（一九六〇）や『チキチキマシン猛レース』（一九六八）など――ぐらいしかアニメは見ていなかったですね。『宇宙戦艦ヤマト』もラジオドラマを聞いてからアニメを見たくらいだし。だから、今の自分の考え方の根底にはラジオドラマがあるというのは強く自覚しています。

音の世界は、2Dのものを3Dとして見せていくことができるんですよ。声の演技で距離感を表現する、ロボットの大きさを表現する、どれくらい強い敵がどれほど離れた場所にいるのかを表現する、自分がどこにいるのか、どんな感情なのかを表現する。絵は2Dで描かれていますが、音は3Dに感じさせることができる、高い可能性を持っているものだと思うんです。その可能性というのは、技術的に波形を調節したり、スピーカーを増やすといったものとは違う。可能性をどの分野で感じているのかは、技術に特化しているのか、芝居に特化しているのか、という音響監督の出自で変わってくるとは思うんですが。

梶　三間さんはどちらのご出身になるんですか？

三間　僕は音響制作出身です。

——音響制作ということで、三間さんは具体的にどういうことをやってきたのでしょうか。

三間　大きいところでいうと段取りを取っていくことですね。明田川さんの元ではとにかくそれを学んでいきました。明田川さんのやりたいことを先読みして準備する。歩こうとしている一歩先をカンテラで照らす。助監督時代にまずそれを叩き込まれました。

——段取りという言葉の中には、オーディションを含めた手配、声優事務所に連絡を取ったりすることも含みますか？

三間　もちろん含みます。例えば『進撃の巨人』（二〇一三）で梶さんにアフレコをお願いする時、最初のシーンにエレン巨人が出てくるとしたら、その箇所の収録は後に回そうと判断する。前半のシーンで喉を使いすぎて後半の静かなシーンで声が出なくなったらそれは僕の責任でもあるので、エレン巨人は次回全部まとめて録りましょう、とスケジュールを組んでいくんです。

梶　何より作品を思ってのことだと思いますが、役者に対してもそこまで気を使ってくださる方はそういませんよ。頭から順に収録する時も、役者は「自分はプロフェッショナルなんだから」と割り切ってやるしかないですし、そういう現場の方が多いわけで、さすが三間さんは視野が広いお方だなと感じます。

――梶さんが音響監督のお仕事を具体的に意識したのは、どのタイミングでしたか。

梶　現場に行かせていただくようになってからですね。僕がこの業界に憧れたのは二十年以上も前で、その時はまだインターネットも普及しきっていなかった時代ですから、声優さんのことを知りたくても数少ない雑誌などから情報を仕入れるしかありませんでした。アニメのエンディングクレジットも、意識して見ていたのは声優さんだったので、当時中学生の自分にとっては、スタッフの皆様が何をされている方々なのかは正直ピンと来ていなくて。実際にアフレコ現場に行ってみて初めて、声優とやりとりをするのはほとんどが音響監督さんだということ、つまり音を司る監督なんだということを理解しましたね。いろんな演出スタイルの方がいらっしゃる、ということも。

――実写や特撮作品ではアフレコ自体も監督が務める仕事ですが、アニメには音響監督がいます。どういう職能だと実感されていますか。

梶　音響監督さんというのは、基本的には役者と監督の架け橋であり窓口、声優にとっては欠かせない存在という認識です。演技のディレクションをするためには当然言葉を使うわけですけど、役者がより心を動かせるようになる言葉と、逆に役者が戸惑って立ち止まってしまう言葉があると思っているんです。多くのアニメーション監督さんは、絵のお芝居の表現を追求されてこられた方が多いと思うんですけど、声のお芝居に関しては全員が全員、役者に対する演出を経験されてきたわけではないと思うんですよね。役者の芝居を引き出す言葉というのは、アニメーターさんに対するものとは全く違う。そういった意味での通訳、翻訳を担ってくださっているのが音響監督さんだと思っています。アフレコで、監督からの説明がうまく咀嚼できずにいた時に、三間さんからの言葉を聞いて、ストンと身体に落ちる。そういう実体験が何度もありましたから。

三間　今、梶さんも言ってくれましたが、音響監督は言い換えるなら「通訳」です。通訳であるからには監督の狙いを正確に伝えなければならないし自分勝手な超訳をしてはいけない。これは鉄則です。ただ、監督が想定する方向で、それ以上のものをディレクションで引き出していければ、監督はきっともう一回僕を使ってくれる、と考えています。

――監督の言葉になりきらない、根本にある思いをより具現化させるといったイメージでしょうか。

三間　そのイメージを具現化するための視点を持って臨んでいます。梶さんがシトロン役を演じた『ポケットモンスター XY』(二〇一三―一五)に「行け！ハリマロン！」という台詞があって、シトロンの隣にハリマロンがいるんだけど、どこに向かって行けと言っているのか。絵では敵に対して指差されていたり、敵しか映っていなかったりしますが、「行け！」という台詞は敵に掛かっていて、方向を示唆するようなニュアンスを含んでいないと伝わりません。その距離感や、何をすればいいのかが明確に伝わるように、画面には見えていない広いところを膨らませていくのが僕の仕事だと思っています。

ただ、時にはそれを超えてくる監督も現れるんです。梶さんとも縁の深い荒木（哲郎）監督は、ご自分でも音響監督ができるから『甲鉄城のカバネリ』（二〇一六）では僕がオブザーバーに入って、ディレクションは全て荒木監督が行いました。監督のディレクションに役者さんが首をかしげていたりすると、僕が補足してあげる。荒木監督はそれを見て吸収していくんです。そうなると、次に僕がそれを超えるような仕事をしないと捨てられるかもしれないと思うわけです。この切磋琢磨する関係性が面白い。荒木監督の対応力は異次元すぎるので、敬意を込めて「エイリアン」と呼んだりしていますが（笑）、そういう監督との出会いがあるとすごく楽しいですね。

梶　確かに、荒木監督はそういうイメージかもしれませんね。

三間　アニメの監督は絵を描くのが好きな人が多い。自分と向き合って描く絵と、他者とのコミュニケーションを必要とする芝居のディレクションとでは、全く違う能力を求められるんですよね。音響監督という仕事はその部分を補うために生まれたんじゃないかなと思っています。気をつけなければいけないのは、役者との向き合い方。ディレクションの際に、上から押し付ければ相手は言われた通りにするかもしれませんが、同時に萎縮もさせるし、個性を潰すと思っています。現場に来ているのはオーディションを勝ち取った役者さんで、良いものを持ってないわけがないので、それを見つけて伸ばしていく。そして相手の良いところを引き出すために懐に入る。音響監督はそういう立場だと思いますね。プライドの高い人だったらなおさら一度褒めてから……え？

梶　あれ、今「プライドの高い人」で、手がこっちを指したような（笑）。

『イナズマイレブン』
音響監督：三間雅文
一之瀬一哉役：梶裕貴（他キャラクターも兼任）
©LEVEL-5／FCイナズマイレブン・テレビ東京

三間　いや違う、これは偶然（笑）。この子強いな、と思った子はパンチを入れて伸ばすようにしています。梶さんはパンチを入れた子。

梶　三間さんから見て、僕はどんなプライドを持った人間に映っていたんですか？

三間　プライドの有無は関係なくて、梶さんはバネがある感じだね。

梶　なるほど。その対比の話で、よく下野（紘）さんが出てきますよね。

――梶さんと下野さんの対比というのは、どういうことでしょうか。

三間　梶さんと下野さんは二人とも『イナズマイレブン』（二〇〇八―一一）のキャストにいたんですよね。下野さんは自尊心もあるし繊細に見えたから褒めた方がいいと思った。一方の梶さんは繊細ながらもバネがあると感じた。吸収しようとしているのか、負けたくないと思っているのかわからないけど、他の役者さんとは目つきも違ったんです。それを見て、梶さんには厳しくいこうと決めて、演技にダメ出しを続けて、プライベートでも一切喋らなかった。それで中入りか打ち上げの時に初めて「梶さん、最高に良かったよ」と本人に伝えたんです。

梶　あの時は、涙が出るほど嬉しかったのを覚えています。だって、大人数の役者がいる中で、他の人にはフレンドリーに話しかけている三間さんが、自分にだけは全く話しかけてくれないんです。ダメ出しをいただくのは、もちろん理由があるからだと納得していましたけど、一方で何がダメなんだろう、とも思っていましたし、とはいえ、そのダメ出しに応えるのが仕事なんだからと歯を食いしばって堪えていました。そんな中で、不意に三間さんから、これまでの努力を認めていただけたようなお言葉をもらったので……。食らいついていたことが伝わっていたんだ、本当によかった、と。三間さんの現場は、苦しいけれど楽しい、という感触がその頃からありましたね。

役や台詞に対する「何で？」という問いかけ

――音響監督として声優さんに届ける「演出の言葉」は、どのように身につけていったのですか？

三間　現場を踏んでいくことで見えてきたのが、何をおいてもお芝居には「何で」が必要だ、ということです。役者さんが指示によって語尾を上げることや明るいトーンで喋ることに対応したとしても、それはお芝居じゃなくて技術、ゲームに使うような汎用的な台詞。お芝居をするためには、役者さんそれぞれが自分なりに、会話やシーンの流れの中でこの台詞の語尾を上げるのは何でなんだろう、明るく喋るのは何でなんだろうと疑問を抱いて、解析して、自分が発する言葉に説得力を持つ。そこにしか答えはありません。それをどう引き出そうか、と考えているうちに身についたんだと思います。

梶　ああ、そうだ。それで三間さんの現場は怖い、という噂をよく聞いていたんです。

三間　灰皿投げるからね（笑）

梶　いやいや、投げたところなんか一度も見たことないです。そもそも今は電子タバコですし（笑）。

――「灰皿投げる」というのは世界的な演出家だった蜷川幸雄さんの有名な逸話のオマージュですね（笑）。［冗談はさておいても、怖いという噂があったんですね。

梶　僕は三間さんの現場は怖い、という話を聞いた上で『イナズマイレブン』の現場に入ったのですが、それでも一度も怖いと感じたことはなかったです。三間さんは、決して怒鳴りつけたり理不尽なことを言ったりはしません。現場がピリッとすることはありますが、それは作品を良くしたいという気持ちが共有できていないと感じる時だけですし。どうして怖いと感じるんだろうと周りの声を聞いていくと、どうもコミュニケーション不足の問題じゃないかなと感じられてきて。

――それはどういうことですか？

梶　先ほどお話に出てきていましたが、アフレコでは三間さんから「何で？」という問いかけがあるんです。この問いかけって、役者一人ひとりの中に、何でこの台詞を言うのか、何でこの気持ちになるのか、という明確な答えがないと圧に感じられてしまうんですよね、きっと。でも、本来その答えを持っていないとお芝居なんてできないはずで。声優は、キャラクターがどうしたいのかを自分の中で咀嚼し、それを声を使って提示できる人のこと。あらかじめ役や台詞に対して「何で」という気持ちを持って準備し、「作品を良くしたい」「だから自分はこうしたい」という真摯な態度で現場に来ているのであれば、「何で?」と聞かれることを恐れる必要はないし、そもそも怖いと思うことなんてないはずなんですよね。

――問いかけは相手を圧迫しているのではなくて、役についてもっと考えるきっかけ。そして徐々にそれを考えられる役者になっていけば、答えに窮することもなくなる、ということですね。

梶　そうですね。『イナズマイレブン』はとても長いシーズンの作品であり、ありがたいことに自分はレギュラー出演させていただいていたので、毎週のアフレコの度に食らいついて、自分がどんな役者であるかを知ってもらえましたし、それがその後のチャンスにもつながっていったのだろうと思っています。一方で、もしも僕が一回限りのゲストキャラだったら……もう呼ばれていなかったんじゃないかなと。つまりは役者が成長する上で、レギュラー出演の重要性は計り知れない、ということです。

――ゲストでなくレギュラーとして関わったことが大きかったのですね。

三間　ただ、僕は役者さんを育てたというつもりは全くないです。もし僕が梶さんを育てたんだとしたら事務所から育成費をもらいたい。現場に来てもらってこちらがお金を払って、育てる。だとしたら、自分の中で理が通らないですね。そもそもアフレコはプロが集まる場所で、チームでやっていくしかありません。試合の最中にチーム優勝のためにお前を育てるからな、というのをやっても遅いわけじゃないですか。試合に出られるプロが、その試合に出ているわけですから。

――確かにその通りです。

三間　そこに息入れてください「はい」。ありがとうをもっと嬉しそうに言ってください「はい」。そういう現場しか知らない役者が僕の現場に来て、例えば僕に「今の息は何ですか？」と聞かれると、これまで雰囲気でやってきていた役者がしどろもどろになって、「えっと……気付きです」と答える。「え、何の気付き？」と聞くと「彼氏です」、「今の足跡だけで彼氏ってわかるの？」と。ここでは後の台詞で彼氏への気づきがあるので、その息がダブルアクションになって、生理的に気持ち悪くなってしまうんですよ。僕が求めているのは、キャラクターがその世界のどこにいて、それまでに何があって、何を感じて、どうして今、この台詞になったのか。そういった「なぜ」や想像を積み上げた結果として、演技が変わっていくものなんです。それを次の収録ではそういうことも考えてきてね、と言っているだけの話で。

――声優さんからリクエストがあった場合、どう応えていくのでしょうか。『進撃の巨人』の時に、梶さんの声が演技中に裏返ってしまい、もう一度お願いしますとリテイクを談判した、ということがあったと思いますが。

梶　いろいろなところでお話してきたエピソードですね。

三間　それは演技の次の段階の問題です。僕が「いい」と判断したけど、梶さんには違和感があったというケースですね。その場合、役者さんを尊重することが大切です。そうしないとフラストレーションが溜まってしまうから、違和感はまず解消する。例えば役者さんがこちらのプランに違和感を抱いている場合、まず自由に演じてもらって、同時にこちらのプランも演じてもらいます。最終的にどちらを選ぶかは委ねてもらっているわけですし、役者さんも一度自分の演技を提示したことで納得する。役者さんに対しては常にそうやって向き合わないといけないと思っています。制圧してこちらの意見を押し付けると役者さんに違う心が動き始めるし、熱は乗ったけどその熱は怒りや憤りといった種類の熱になってしまいます。それは避けるべきですね。

――先ほどお話されていた、相手の懐に入る、ということですね。

三間　そうですね。それで話は少し戻ってしまうのですが、やっぱり演出する際の言葉選びは難しいものです。役者さんに「監督が言うからこうやって」とは口が裂けても言えないですから、そのためにも自分が納得するまで監督にとことん質問や確認を重ねていくわけです。例えば監督からのキャラ説明で「このキャラは明るくて優しくていい人なんです」と言われたときに、それだけで理解するのは難しいですよね。いい人って、人によってイメージが違うじゃないですか。中には、心がなくてもお金をくれるのがいい人だと言う人もいます。そうやってわからないところを追及した結果、監督からも怖がられてしまうわけですが。

梶　（笑）。役者より監督の方が恐れている人は多いかもしれないですね。

三間　そうかもね。僕のようなベテランが「何で？　何で？」と質問攻めにすると、答えを用意していない監督は言葉に詰まる。裏を返すと、勉強してくれれば監督も伸びるはずなんですよね。実際僕もそのように勉強していて、役者さんから「何で」と聞かれても答えられるように準備しているわけですから。

――役者さんは事前に台本を読み準備して、アフレコに行きます。しかし、現場で入ったディレクションが自分の想定とは全く違うものだったら、どう応えていくのでしょう。

梶　僕はそれが普通だと思っています。万が一、いただいたディレクションが自分のイメージになかった場合は、もう音響監督さんや監督さんに聞いてしまいますね。とにかく一度やってみればいい、という考えもあると思いますが、僕は、思ってもいない台詞を言うのにすごく抵抗感があって。三間さんの現場ではディスカッションを良しとしてくださいますし、まずは役者の考える方向性をトライさせてくれる。「なるほどね」と言って採用してくださることもあれば、「監督が必要としているのはそれではないから」とNGになることもある。もちろんケース・バイ・ケースなのですが、少なくとも、チャレンジさせていただけることのありがたさ、というものを僕は何より強く感じていて。

三間　ドレスコードの話だと思ってほしいんです。監督が主催するパーティーに行く時、ホストやみんなと一緒に楽しむためにはどんな服を着ていくのがいいでしょうか。行ってみたら全然違うコーディネートだったけど、自分なりに考えてきたんだから正しい、という主張はあまり受け入れられないと思います。役者だったらあらかじめ台本を読んで、自分はこうだと考える一方で、監督の期待するお芝居もイメージする。どちらの引き出しも持っていないとうまくいかないまま終わってしまいます。

その点、『イナズマイレブン』の時の梶さんは「その服は違うよ」と言われても、いじられても、腐らずその都度対応して最後までやり抜く意志があった。そこは本当にすごいなと思います。僕なんかすぐに諦めちゃうのに。

梶　いやいや（笑）。それはだって、せっかくキャスティングしていただけているわけですし、現場に対してもキャラクターに対しても、最後まで全うする責任があると思うので。たとえ二度とその人たちと仕事をしないとしても、「言われたことをやっとけばいいや」とは僕は絶対になれないです。

――キャラクターに対しても責任を全うする。

梶　はい。放送を観て、もし自分の提案した芝居とは違う音声が流れていたとしても……いや、それはもちろん悔しいですけど、そのフィルムに込められている監督さんや音響監督さんの明確な意図や意志は、必ず役者にも伝わってくるものですから。この話の流れで言うと、それこそ『進撃の巨人』でのアフレコエピソードが例としてわかりやすいかもしれません。Season 2の第9話（第34話）で、エレンが激昂してライナーと怒鳴り合うシーンがあるのですが、テストを終えたところで、感情に流れを作ってほしいと言われたんですね。でも僕やライナー役の細谷（佳正）さんの中では、この時のエレンたちの気持ちは、そういうセオリーみたいなものでは片付けられないはずだと感じていて、その想いを訴えたんです。エレンはもう、自分でも何を言ってるのかわからないくらい感情が爆発しているんじゃないか、と。だって僕には、エレンの担当声優として、誰よりも彼の気持ちを尊重してあげたいという強い信念があったので。彼を守ってあげられるのは自分しかいない、と。その後、十分なディスカッションを経た上で、どちらのパターンも録ってみて……実際に放送で使われたものを見て「そうか」と納得しました。

――結果的に、流れのある台詞が使われていたんですね。

梶　はい。素晴らしいシーンに仕上げていただいていました。とはいえ声優も音響監督も、監督の作りたいものを形にするのが仕事ですからね。その大前提の上で、自分が一番その役の（エレンの）気持ちをわかっていてあげたいなと思いますし、そうあるべきだと考えています。自分はこうしたい、という意志や理想は、声優だって持っていていいはずだと。

手探りで向き合った『進撃の巨人』終盤のエレン

――エレンの話も出ていますので改めて伺わせてください。作品の色を大きく左右する、主役でいることへの心がけはどのようにされていますか。

梶　現場の雰囲気はスタジオや音響監督さんによっても全く違いますが、こと『進撃の巨人』に限って言えば、とりわけ世界観が凄惨で絶望感に溢れていて、生き死にを扱っているドラマで、第1話から絶叫・慟哭という感じの内容だったので、主人公の担当声優である自分自身がその色を作り出さなきゃ、作りたいな、という思いはありましたね。義務というか権利というか……やはり責任感でしょうか。なので、アフレコが終わった後にプロデューサーさんから「最後の『やめろ』の叫びを聞いて、この作品がうまくいくと確信したよ」と言っていただけた時はすごく嬉しかったですし、自信にもなりましたね。つまりは座長として本作の現場で僕がやったのは、主役がこれだけやってるんだったらこっちも生半可なことはできないな、と周りの役者さんに感じていただけるような熱量を持ってマイク前に立つということ。アフレコ時は、たとえ休憩時間であっても役のテンションを保ったままでいたかったので、ほとんど私語もなく集中していました。

——特にThe Final Season以降はエレンの心も閉じていますから、周囲との関わり方が難しかったのではないでしょうか。

梶　そうですね。キャスト陣は付き合いの長い役者さんが多く、一緒にやっていて楽しい、大好きなメンバーばかりでしたけど、そこに頼り過ぎないように心の距離感を保つのが大変でした。

——梶さんに演技全体の組み立てに関して伺いたいのですが、『進撃の巨人』は原作の連載途中にアニメが始まりました。演じる際はどこまで見通してお芝居を組み立てられていたんですか？

梶　先の展開については何も教えてもらえなかったので、一般読者の皆様と同じ状態でした。とはいえ、どの作品のどのキャラクターも、誰もがその日、予想もしていなかったことに笑い、怒り、悲しみ、驚くわけですから、基本的には問題ありませんでした。ただ……問題だったのはThe Final Seasonに入って、エレンが特別な存在であるということがわかってから。彼はこの世の全ての真実を把握しているわけですが、僕にはそんな彼の本心すらわからない、という事態が発生してしまって（笑）。

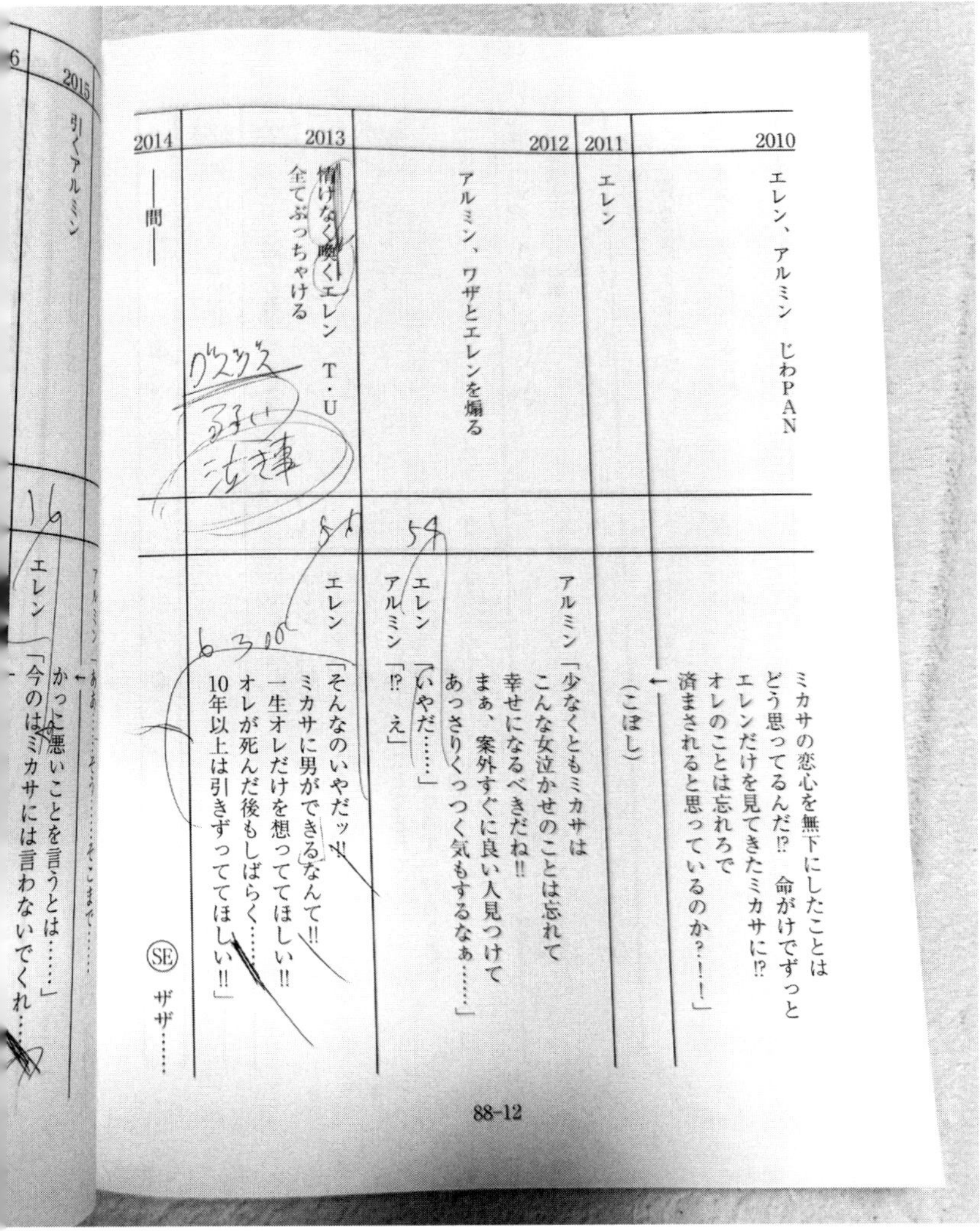

梶氏による、アフレコ台本のメモ書き。『進撃の巨人』の集大成ライブイベントである「進撃の巨人 10th ANNIVERSARY “ATTACK FES”」の朗読劇にて使用されたもの。エレンの台詞が視認しやすく囲まれ、ブレス（息継ぎ）のタイミングや、演技のイメージに関するメモも記されている。

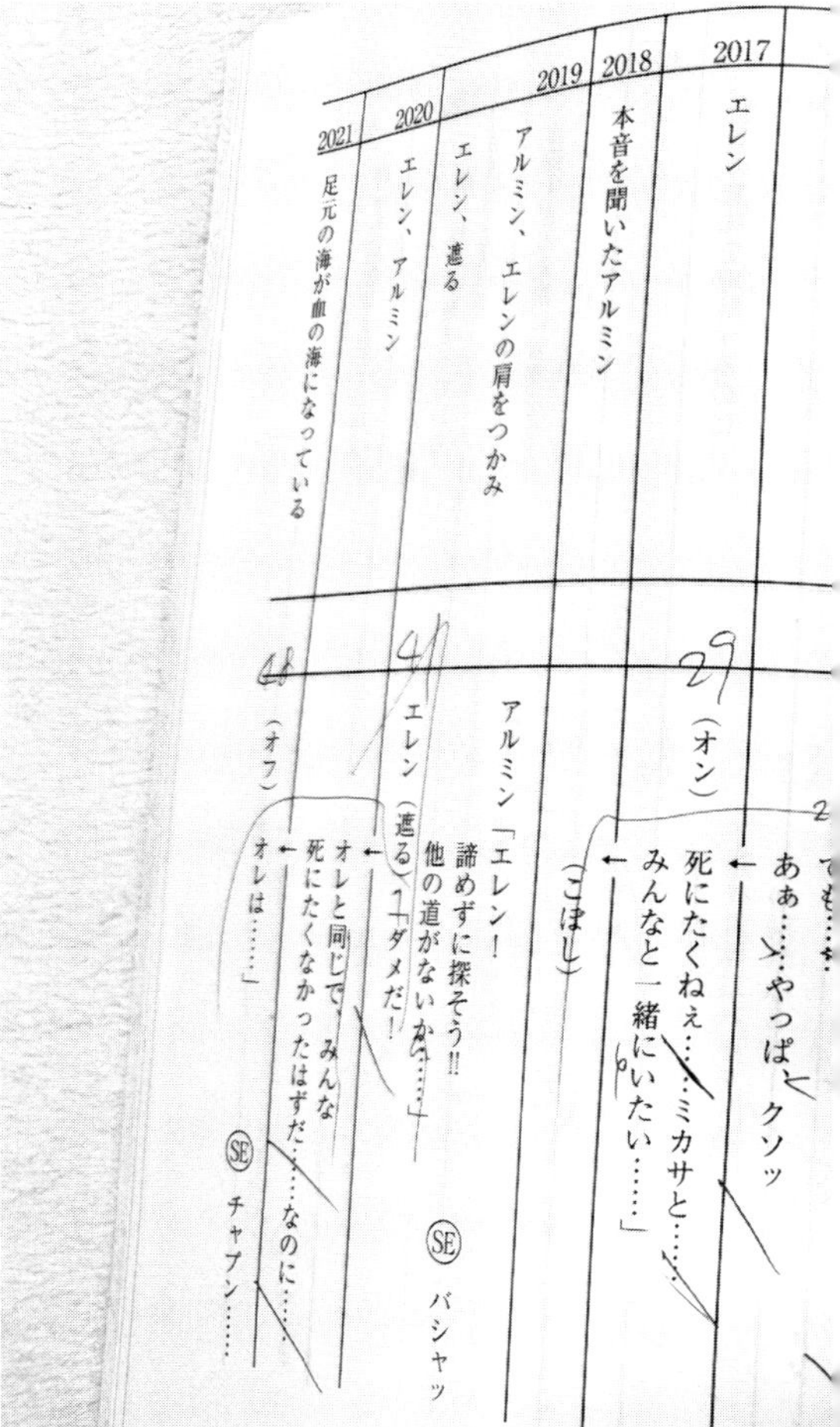

2017
エレン
あぁ……やっぱ、クソッ
死にたくねぇ……ミカサと……
(オン)
2018
本音を聞いたアルミン
みんなと一緒にいたい……」
2019
アルミン、エレンの肩をつかみ
アルミン「エレン！
諦めずに探そう!!
他の道がないか……
エレン、遮る
エレン（遮る）「ダメだ！
SE バシャッ
2020
エレン、アルミン
オレと同じで、みんな
死にたくなかったはずだ……なのに……
2021
足元の海が血の海になっている
(オフ)
オレは……」
SE チャプン……
88-13

——エレンの目的が伏せられたままお話が続いていきました。梶さんも手探りだったわけですね。

梶　当然、エレン本人は自分の意志で動いているわけですから答えを知っていますよね。だからこそ〝自分の演じるエレンが考えていること〟と〝本当のエレンが考えていること〟がズレていないかという不安が、ずっと付きまとっていたんです。例えばミカサに「お前のことが大嫌いだった」という台詞を言う時、実際にエレンはどの程度、どう思っていたのか。なぜそう言ったのか。はたまた、いつからそう言おうと思っていたのか。読者の方と一緒で、こうだろうなという想像はできるし、もちろんアフレコではOKが出ているわけですけど、それは音として合っているというだけなんじゃないか、と。最終的な表現のアウトプットとしては合っているのかもしれないけれど、万が一、元にある気持ちが違っていたらどうしよう、と不安でした。なので……僕にくらいは教えてくれてもいいんじゃないか？　という思いは常にありましたね（笑）

——それが確信を持って演じられる根拠になりますからね。

梶　そうなんです。ただ、あえて教えていないというところにも、きっと意図があるはずでしょうから、こちらとしては何も言えませんよね。とにかくアフレコでOKをいただけるものが出せれば、という一心で演じていました。そんなこともあって、原作の最終話を本誌で読み、エレンの本心を知った時には……「ああ、よかった。思っていたこと、やってきたことは間違っていなかったんだ。自分はエレンを履き違えていなかったんだ」とすごく安心して……思わず涙が溢れました。本当にホッとしましたね。

そしてそれとは別に、エレンの体格や見た目も大きく変わったThe Final Seasonだったので、声質や芝居の変化というものを、技術的にどの程度織り交ぜていくのか、そのあたりに関しても手探りな状態でした。それこそ井上麻里奈ちゃん演じるアルミンは、設定としては男性であり、身体的にもどんどん成長して、背も伸び、体格も大きく変わったキャラクターです。声帯的に出せる音域には必ず限りがありますから、彼女の中にも相当な不安があったはず。なので誇張表現なく、ありとあらゆる意味で、みんながみんな体当たりで臨んだ終盤戦だったと言えるのではないかと。

――シリーズ最終盤のエレンは梶さんの中でも一番低い声で演じているなと感じました。

梶　ここは身長や体格に合わせてというより、気持ちに引っ張られて、自然とそういった声になっていったという感覚の方が近いかもしれません。同じ役なのにまるで別人のようで……ここまでの変化というのは、他ではなかなかないケースだと思いますし、改めて、とても特別で貴重な経験をさせていただいたなと感じています。同時に、これだけ長い期間一つの役を任せていただき、しかも最後まで全うさせてもらえたという、その事実自体が稀有だと思うので、そんな機会を与えてくださった作品や作品ファンの皆様に、心から感謝の気持ちをお伝えしたいですね。

――音響監督としては、作品の演技を方向づける際、オーディションのときから大まかな指針を示していくのでしょうか？

三間　まず前提としてお話すると、僕は最近はオーディションには関わらないようにしています。例えば『ドカベン』（一九七六―七九）の主人公・山田太郎。普通に考えて山田太郎という無骨なキャッチャーの声をキャスティングするなら、八奈見乗児さん演じた『巨人の星』の伴宙太のような野太い声が定番でしょう。そこに落ち着いた声の田中秀幸さんをキャスティングしていて、これはすごいと視聴者も驚くわけです。みんなが予想する声とは違うんだけれど、そのキャラクターらしい役者さんをキャスティングするのが、キャスティングの醍醐味だと思うんです。ただ最近は、原作ものの場合が顕著ですが、編集さんも読者も作品を読んでいる時からすでに特定の声優さんの声が頭の中で聞こえているんですよね。キャスティングはそれに応える場合が多くなっています。だから、よく斯波さんのことを思い出します。

――斯波さんのどんな思い出でしょうか。

三間　斯波さんがある時期、「六十歳で業界をやめる」と言っていたんです。言葉の真意を探ると、経験を重ねると人間の心がわかるようになって、心を動かすような〝演技〟が見られる作品を作りたいのに、業界はそちらには進んでいない。欲しい〝音としての声〟が鳴る作品ばかりを作ろうとして、「心で」見るんじゃなくて「目で」見る作品になっている……といったやるせない思いだったのではないか。斯波さんはそういうことに気づいていたんだと思うんですよね。

――第一に向き合うべきは作品だけど、業界はそうなっていないんじゃないかと。

三間　集客のこともあるし、それは必ずしも悪いことではありません。ただ、ＡＩに置き換えできるような、視聴者が流し見してしまうようなお芝居や作品にしたくないと思っているだけで。

――確かに以前、斯波さんに取材した時に、音響監督の面白さの一つは「この人をここで使うのか」というキャスティングをした時にある、と仰っていました。

三間　でも今はなかなか意外な選択は通りにくいですね。出てくる名前もどうしても似たような名前になりがちで。売れっ子でうまい人たちはいっぱいいるし、オーディションでも素敵な人たちはいっぱいいます。ところが、アフレコになると自分の魅力を全然発揮できないということも多いんです。オーディションで自由に動いていた心が、アフレコで口パクに合わせるとなると急に止まってしまって、「口パクに合わせよう」という頭ばかりが働いてしまう。

梶　なるほど。それでいうと僕は逆かもしれません。オーディションは、何を求められているのかが明確にわからず、どうも苦手なんですよね（笑）。基本的にオーディション原稿には、断片的に切り取られたシーンと台詞しか記載されていないことが多いので、キャラクターがどんな感情の流れでその言葉にたどり着いているのか、わかりづらいことが多くて。

――第1話のアフレコは役とのすり合わせで時間がかかると聞きますが、他にアフレコの収録時間が想定よりかかってしまう要因にはどういったものがありますか？

梶　三間さんの現場は、長時間かかるケースも多い印象です。

三間　今でも時々あるよ。例えば、監督が明らかに納得してないのに「まぁいっか」と言って次に進めようとする時。すると僕はその「まぁいっか」という言葉にすごくショックを受ける。こうなったらせめて自分が納得できるところまでは持っていこうと粘って長引いてしまうんです。監督も役者さんたちも「まぁいっか」でその台詞を手放すことができますが、僕たちはアフレコが終わった後に選曲やミックスの度に何度も何度も音を聴く。その最中に「ここは監督が『まぁいっか』と言ったところだな」とか、台詞の厚みがどうしても足りないなとか、そう感じるところがあるとどうしても自分がドラマに入り込めない。だから収録は絶対に諦めないようにしよう、と思っています。

梶　では、例えば自分にとって「これだ!」という台詞が録れたけれど、監督が「違う」と仰った場合にはどうされるんですか?

三間　自分の旗を降ろす。監督の意志がわかったら切り替えて次に行きます。現場で監督と対立しても何も生まれないですからね。

――そして役者さんに対しては、役者さんがキャラクターの感情の波を把握しているのかどうかを一つ一つ確認していくわけですね。

三間　そうですね。アフレコでは多くの場合、絵コンテや原作のコマを使ったり、絵が未完成の状態で行われます。漫画のコマというのは印象的な絵が描かれていますが、その前後にもキャラクターの感情の波や流れはありますから、アフレコでそれを役者と共有していくわけです。キャラクターが口を大きく開けて叫んでいる止め絵にボールド(台詞のタイミングを示すテロップ)が出ていたら、役者さんはその絵に合わせようと台詞頭から大声で叫んでしまうことがあるんです。そういう時に、「モニターに出ている絵は、一連の感情の流れの中でもピークの状態だよね」と伝えて、全体の中でどの台詞がピークに当たるのか、どこで心が動くのか、そのためにどんな流れを想像して演じていくのかを確認していきます。大事なのは毎回ちゃんとした演技ができるように一つ一つ丁寧にやっていくことです。

――それは確かに時間がかかりそうです。

三間　これを全員にやらないわけにはいかないし、監督の意向も汲みながらやっていくとどうしても時間がかかってしまうんですよね。そう思うとコロナ禍の期間は本当に大変でした。

——二〇二〇年からのコロナ禍では、緊急事態宣言やソーシャルディスタンス、感染予防のために多くて同時に三人の収録。時期によっては全員、個別での分散収録を余儀なくされたと聞いています。

三間　バラバラで録る時はこちらの脳が倍動くんです。ブースで梶さんが喋っている一方、脳内では井上さんも喋って掛け合いをしている。そうしないと同じシーンの演技バランスがわからなくなってしまいますから。今後そういう事態があればぜひ改善したいと思って話すのですが、分散収録はすごく時間がかかるのに、時間がかかればかかるほど音響会社が音響費を負担する仕組みになっているのが平時と変わらないままだったんです。ここには一言言いたかったですね。短い時間で終わる声優さんに対して、割引などの特別措置は検討してほしかったな、と憤っていました。コロナの時はそういう協議もなく、業界が声優第一という状態になっていましたから、チームで作っている感覚も希薄だったなと思います。

初めて見るドラマとして違和感がないかを確認していく

——現場でのお話をいろいろ伺いましたが、声優さんの場合、養成所で基礎を身につけて業界に入る

わけですよね。でも結局は現場で覚えたことを次々と自分の財産にしていくことで成長できるのかなと感じるのですが。

梶　それしかないと思います。中には、ほとんど現場と変わらないような実践形式で学べる養成所もあるんでしょうけど、結局は「教わる」のではなく、一つの歯車として「雇われている」現場に身を置いて、同級生ではなくいろんな事務所の友達ではない役者の中に混じって、そして初めてご一緒する音響監督さんや多くのスタッフさんがいらっしゃる空間で、実際にどんな挑戦や工夫がなされて作品が作られているのか、そこで自分に何ができるのかということを知っていかないと、やはり力はついていかないのかなと思います。もちろん、そもそもの話として、そんな現場に行けるようになるまでが大変だというのはありますけど。

――巡ってきた数少ない機会を逃さないための準備も重要になってきますね。

梶　僕が以前在籍していた事務所は、所属している声優の人数が非常に多かったため、最初はオーディションを受けるチャンスすら巡ってきませんでした。受かる確率の高い先輩がいるとすれば、まずその方にオーディションが振られるのは当然のことですからね。二十年前の自分の声は今よりもっと高かったこともあり、いわゆるティーンの役でしか起用できないという使い勝手の悪さもあったとは思いますが。そんな状況だったので、オーディションのお話をいただけた時は、とにかくそれだけで嬉しくて。少ないチャンスをものにしようと気合いを入れ、余計な力が入りすぎ……もう空回る空回る（笑）。面白いと思ってもらいたい、使ってもらいたいという思いが勝れば勝るほど、よくないのはわかっているのに、どうしても役が欲しくて、仕事が欲しくて、人生を変えたくて、力んでしまうんです。

そんな自分がレギュラーの現場に入れるようになってやっとわかったのは、今日一度限りでなく、来週も再来週も等しくチャンスが約束されていると思えることで、むしろ大事に丁寧に、今と向き合うことができるようになるんだ、ということでした。自分にとって、そんな機会の代表例が『イナズマイレブン』。三間さんが音響監督を務められていた作品であり、長く続くシリーズの中で、僕自身、数多くの役に挑戦させていただいた現場でした。

——音響監督としては、長いシリーズものは先が見えないながらも各話はっきりディレクションしていかなくてはいけません。どういった準備をされるのでしょうか?

三間　作品のシーズンが長く続くか続かないかというのは結果論でしかありません。十年続けます、と言っていたものが1シーズンで終わることもありえます。どの作品も、我々はみんな一話一話を一生懸命やるだけ、という思いで臨んでいます。準備としては、原作ものの場合も、基本的にはシナリオとアニメの絵素材を一次資料にして、原作を読む時には思い入れが強くならないようにざっくりと読みます。原作を読み返すのは音楽メニューを書く時くらいですね。原作を好きになりすぎると、アニメとの比較をしてしまってあまりよくないと気づいてからは、アニメの作品制作に集中するためにそのように向き合っています。

——言及が難しいところですが、原作に対して、アニメ制作の都合上発生した相違は、各セクション

の最適解だと捉える以外にありませんからね。アフレコには各キャラクターやシーンについてのイメージをある程度持って臨みますか？

三間　できるだけ音響監督としてのイメージを持たないようにしています。僕のビジョン通りに演じてもらうならＡＩでもできてしまうだろうし、ＡＩが考えつかないような、人間の心が激しく揺れたりぶつかりあった時のお芝居、声が思わず裏返るようなお芝居、指示されたものじゃなく人間が心を動かした末に出てきたお芝居を追い求めていかないとな、と思っています。

――音響監督にとって作品に対する読解力は必要だと思うのですが、三間さんはどのようにしてそれを鍛えたんですか？

三間　僕、読解力あると思ってないいんですよ。

梶　いやいや、読解力の塊じゃないですか！（笑）。いつの日か、アフレコ終わりに車で送っていただいた時、僕が「役者は自分の役に１００％、１２０％の時間と労力をかけられますが、音響監督さんは全ての役の気持ちになって考え尽くさないといけないから大変ですよね」と言ったら、「もちろん大変だけど自分には芝居ができない分、その役割を役者さんにお願いしているわけだから、その苦労を担うのは当たり前」、と。三間さんのその言葉に感銘を受けたのを今でも覚えていますよ。

三間　いや、「芝居ができない」というのは本当に台詞が覚えられないということなんですよ。小学四年生の頃の話ですが、僕はクラスの人気者で学芸会の主役に抜擢されたんです。だけど本番になって緞帳が開き、全校生徒の視線を浴びたら途端に台詞が全部飛んでしまった。すぐ先生に舞台袖まで連れ戻されて緞帳は閉まり、そのまま終幕……（笑）。それ以来台詞が入らなくなってしまいました。そういう自分がいるから、お金を払う価値がある人たちにやってもらっているんだよ、という話です。

梶　確かに、そうも仰っていましたね。

三間　読解力は別の話で、アフレコでは、僕は手元にある台本の内容を忘れて役者さんの演技を聞くようにしているんです。初めて見るドラマとして、キャラクターたちが何を言っているのか、やり取りの感情が噛み合っているか、無理に話を続けていないか、そういうところを確かめていく。そして相手の言葉を無視して、自分一人で演じている役者さんがいたらそれをチェックする。それだけなんです。

――その場での違和感を見つけて、解消していく。

三間　その通りです。言い方を変えれば、僕は〝あらかじめ想定した結末に向けて筋道を組み立てていく〟のが苦手だとも言えますね。ただ僕自身、初めて見るドラマの主人公が思いもよらない展開に巻き込まれていく、という驚きがあった方が観客の心はより動くんじゃないかと思っています。だから自分も初めて見るような気持ちでアフレコに向き合います。先ほども言いましたが、自分が求める音を役者さんに押し付けるのは嫌だし、ＡＩにもできるようなことを役者さんに求めたくない、という思いが根底にはあるんですよね。

梶　自分もそれに近い思いはあります。僕は台本やＶ（アフレコ用映像）をいただくと、すぐにチェックするタイプなんですけど……準備が早すぎるせいか、アフレコの時には微妙に忘れ始めていて（笑）。おいおいと思われるかもしれませんが、自分にはそれがちょうどよかったりするんですよ。最初から一人で、芝居の筋道や型を作り過ぎてしまうのはあまり良くないなと思っていて。だから、演じている時に新鮮に心が動く、一発目のテストテイクが本当に楽しいんですよね。失敗しても怒られませんし（笑）。まあ、それは冗談として、そういうふうに感じている役者さんは実際に多いと思います。

三間　有名な実写の俳優さんも、一度覚えた台詞を忘れた状態で撮影したいって言ってたよ。『24』のシーズン1（二〇〇一―〇二）は、みんな犯人を知らない状態で芝居しているんだよね。自分が犯人かどうかもわからない。終盤になって犯人役にそのことが知らされると「え、自分だったの？」と本人も驚くわけです。

梶　その作り方、すごく面白いですね。

三間　悪役を自覚的に演じるほど小物感が漂うものはないからね。演じている役者さんが自分を悪だとしない。そういったドラマをきちんと狙って作っている監督や作り手がいるというのは励まされます。そういう意味だと『蒼穹のファフナー』（二〇〇四）が近い作品ですね。死にたくないと願うキャラクターたちが、必死に生きている姿が美しく、生きることの喜びや命の尊さを描いている作品でした。思いがけないキャラクターが死んでしまったりと、役者さんたちも驚くような展開が続くんです。

梶　僕も『ファフナー』を思い出していました。この現場では、いい芝居をすると死んでしまう、なんていう噂もありましたよね。

――梶さんは西尾暉役で劇場版『HEAVEN AND EARTH』（二〇一〇）、第2期『EXODUS』（二〇一五）

に出演されています。

三間　逆にだからこそ、「自分は死んじゃうんだ」という〝答え〟がわかっている意識で演じないように、いろいろお願いしました。ある種、作中で輝いている人物が死んでしまうんですよ。梶さんのキャラクターも死んだよね。

梶　はい。光栄なことに（笑）。楽しい、と表現するのはまた違うような気もしますが、ものすごく心が躍動する最期だったなと記憶しています。『ファフナー』に関しては、生きるべき人が生きる、そのための死だった、と捉えていますね。

自分が何をすべきかを考えて行動するのは何においても大事なこと

――音響監督になりたいという人は、普段からどういったことを意識し、吸収していけばいいのでしょうか。

三間　音響監督に一番必要なのはレーダーだと思っています。レーダーを育てるためにもいろんな種類のバイトをたくさんしてほしいですね。人とコミュニケーションを図ることで、誰かの気持ちに寄り添うレーダーを育ててほしいんです。今そこで、その人がやろうとしていることは何なのかを考える。理解して、違ったら修正していけばいい。いろんな人と会わないといけない環境に身を投じて、頭でなく身体と心で応えていく。そう心がければどんなバイトでも音響監督の仕事に活きてくると思います。僕自身、職種でいうと25種類ぐらいはバイトをやりましたけど、その経験は大きいです。

梶　一つ質問なのですが、三間さんに憧れ、音響監督になりたい！という人がテクノサウンドへと訪ねてくるわけですよね。とはいえ、誰もが入社できるわけではないと思うのですが、その時の選考基準とはどういったものなんですか？　そこがずっと気になっていたんですよ。

三間　まず、応募段階でアニメが好きですと〝言わない〟人を選びます。その後、何をやりたいのかを聞いて、通過者には面接で問題も出します。今、バケツが倒れて水が溢れて、その先に台本がある。一方でそばで倒れて泣いている女の子もいる。そういうシチュエーションを説明して、どこからどのように手を付けていきますか、と。

梶　へぇ、面白い！心理テストでもありますね。

――段取りの話ですね。

三間　そうです。なにを大事に考えますか、ということですね。それで相手から「女の子を助けます」って返事がきたら、もう一歩踏み込んで「どうして女の子を?」と聞きます。すると「泣いてるから」みたいな答えが返ってくる。で、こちらも「怪我はしてた?」「泣いているだけだったら、台本を先に守ってから行ってもよかったんじゃない」という意見を言いながら、相手の想像力や状況把握力、状況予測の認識パターンを言葉で確認していくわけです。

梶　入社した後の新人さんを、三間さんはどうやって鍛えていくんですか。

三間　例えば、選曲するための段取りを組んでもらうとするよね。コンピュータを全部開いて、僕が机に座ればすぐ選曲できるようにスタンバイしておいてもらう。その時に、ソフトのウィンドウ一つとっても、どのサイズでどうなっていれば、僕が使いやすいのかをちゃんと考えられるかどうか。ある程度のところになったら、何でもいいから自分で一度、選曲してみなさいと言う。コンピュータを触ってもらいながら、選曲をしてもらいながら、どういうことを準備すればより段取りが良くなるのか、何が必要なのかに気付いていってもらうんです。

梶　それができれば、少なくとも現場で役に立てるということですね。

三間　そうだね。必ず「俺のディレクションは見ていろ」と言っています。だからテクノサウンドのスタッフはだんだん僕のボキャブラリーを使うようになっていくんですけど、本人には「似せるだけじゃダメだ」と伝えています。自分のオリジナリティをもっと出していけ、と。

梶　なるほど。音響監督になりたいという人は、まず何を勉強すべきなんだろうって、ずっと疑問に思っていたんです。特にこれだけ長く音響監督というお仕事と向き合い、考え、プライドや夢を持ち続けてきた三間さんが、志望者のどういうところを見て自分の会社に入れるのか、と。

三間　さっき話した、音響監督に必要なレーダーがあるかどうかを見るのも大事かな。アフレコ現場で役者さんの心をほぐしたり動揺させたりしながら、相手の属性や実力が見えてきたら、より力を引き出せるようにコミュニケーションの手札を変える。プライドが高い人を相手にしていると気付いたら、次にちょっとチクチクやって揺さぶってみたり、真面目な人だったらまたやり方を変えたり。

相手を怒らせたり腐らせたりしないで、揺さぶりができるかどうか。やりすぎないように察知するレーダーを持つことはとても重要です。

梶　人間対人間ですもんね。相手にとってちょうど良い距離感を読んでいく。空気を読むというか、現場を読む。自分が今、何をすべきかを考えて、見つけて、行動するというのは、何においても大事なこと。三間さんの助監督時代の経験は、今のお仕事にも確実に活きているのでしょうし、本当は全員がそうあるべきだろうと僕は思います。自分の場合は、自分がもしも座長、主役であるならば、アフレコブース全体の空気を常に読み続ける余裕のある存在でありたいですね。……でも今、お話を聞いて思ったのは、テクノサウンドに入りたいと考えていた人がこの本を読んでいたとして、本当はアニメが大好きだけど面接では黙っておこう、となるんじゃないかなと（笑）。

三間　いやー、話せばだいたいわかるよ。

梶　そうですよね（笑）。ということで、三間さんには必ずバレますから、隠してもムダですよ、皆さん！（笑）

――余談ですが、昔テレコム・アニメーションフィルムができた時に初代育成担当者の月岡貞夫さんが「日本の商業アニメに毒されていないアニメーターを育てるんだ」と言って、「アニメを見ています」という人を次々と落としていったそうです。それでも三人ほどアニメ好きを隠し通して入った人がいたという逸話（大塚康生著『作画汗まみれ　改訂最新版』文春文庫）を思い出しました。

梶　ミーハーな気持ちじゃなくて、本当にアニメが好きで、こんなアニメを作りたいという目標があれば、その情熱は決して悪いものではないですよね。

三間　今一番恐れてるのは、自分のために作っているような作品が増えてしまうことです。アニメが好きで業界に入って監督になって、その後、アニメオタクのために作るならいいんです。でも、自分のために作り始めてしまうとエンタメではなくなってしまう。メガヒット作を作るなら、他の業界の人を取り込んで、一般の人に向けて膨らましていかないといけないんですよね。僕が携わった中で大ヒットした『頭文字D』（一九九八）や『鋼の錬金術師』（二〇〇三―〇四）でもそうだけど、一般に火がついてこそメガヒットになるので、一般層を置き去りにしないでほしいなと思います。

――アニメ作品を外側に開いていくことは、業界を縮小させないためにも重要な視点ですね。

三間　あと今、制作する立場として特に気をつけているのは子ども番組です。僕はよく子ども向けアニメの制作者に「子どもの口に入れるものを作ってください」と言っていて。深夜アニメならアニメオタクが見るから作画のクオリティが多少低くてもいいんです。作画を外注したのかな、とか時間が足りなかったんだな、と事情を推測できる。でも子どもに事情はわかりません。だから、子ども番組を作るなら絵が間に合ってないところにはテロップを出して説明するくらいの心持ちでいてくれないと困るんです。自分の子どもに、少しでも害があるとわかっているものを食べさせませんよね。子どもの記憶に残るのはいいけど、傷が残るものはやめましょう、と。自分の例で言えば、『鋼の錬金術師』では、血が飛び散るあるシーンで監督に「血しぶきの音やめていい？」と提案しました。音楽で悲壮感は十分に出ているし、絵でも綺麗に表現できている。見た人の記憶には残したいけど傷にしたくない。それを監督も受け入れてくれたし、傷を残さないという考え方も徹底することができました。『妖怪ウォッチ』（三間氏の担当は二〇一四―一七）でもバカバカしいくらい徹底しているし、自分が担当する作品では今でも気をつけています。

――音周りはSEも含めて害になりそうなものを避けていく。

三間　そうです。海外基準に合わせていく。海外の方がコンプライアンスに厳密なので、そこを意識することが大切です。例えば子どもの頭を叩くシーンは海外では削除するか、叩く場所を肩や背中に変更する必要がある。面白ければいい、が海外ではそのままは通用しないわけです。配信を含めて作品の展開がグローバルになっていますから、対応していかないと時代に置いていかれてしまいます。アニメは文化であるということを意識して作っていかないといけないという思いがありますね。

――「面白さ」も届ける時代や場所とともに変わっていくわけですね。

梶　今回、改めて三間さんのお話をじっくりお聞きして、プロフェッショナル、しかも大ベテランのお言葉は、シンプルでわかりやすく、やはり面白いんだなとしみじみ感じましたね。そして、この本がきっかけで音響監督という仕事に興味を持つ方も出てくるんじゃないかなと思いました。そんな方と、いつかアフレコ現場でご一緒できたら最高ですね。僕も頑張ります！

三間　音響監督の本を作っていただくということ自体がすごく嬉しいです。音響監督は日本にしかない仕事です。この知名度をもっと上げたいんです。そうすれば音響監督になりたいという人が増えるし、我々はもっと切磋琢磨しあえるはずですからね。

みま・まさふみ／有限会社テクノサウンド代表。ＯＶＡ『マドンナ 炎のティーチャー』（一九八八）で音響監督デビュー。三十歳で師である斯波重治氏と出会い、音のこだわり、芝居の面白さを学ぶ。以降、『ポケットモンスター』（一九九七）、『鋼の錬金術師』（二〇〇三―〇四）、『進撃の巨人』（二〇一三）、『僕のヒーローアカデミア』（二〇一六）などの作品にも出会う。夢は園遊会にお声をかけて頂くこと。日本にしかないと思われる音響監督というある意味特殊な職業が、認知されることが最大の夢。

かじ・ゆうき／九月三日生まれ。二〇〇四年に声優デビュー。『進撃の巨人』エレン・イェーガー役をはじめ、『僕のヒーローアカデミア』轟焦凍役、『ハイキュー!!』孤爪研磨役、『悪魔くん』悪魔くん／埋れ木一郎役、『七つの大罪』メリオダス役など話題作のキャラクターを演じる。日本テレビ系列「1億人の大質問!?笑ってコラえて!」など数多くのナレーションや、みずほ公式キャラクター「あおまる」の声、「アイリスオーヤマ」のサウンドロゴの声なども担当。二〇一三年度には史上初の二年連続で声優アワード主演男優賞を受賞。二〇一八年に著書『いつかすべてが君の力になる』を出版し、累計7万部のヒットを記録。その声に、人間の脳と心に癒しの効果を与えるという「1／fゆらぎ」の響きを持つ。声優二十周年を記念してＡＩ音声合成プロジェクト【そよぎフラクタル】を発足。

https://www.soyogi-fractal.com

3-2

鶴岡陽太×梶浦由記

Creator's Dialogue
Yota Tsuruoka x Yuki Kajiura

真下監督の独特な音楽メニューと曲の使い方

――鶴岡さんは音響監督になる以前、映像作品の劇伴音楽を意識することはありましたか？

鶴岡　ありましたね。特に印象的だったのは、中学に入った頃に聴いた『時計じかけのオレンジ』（一九七一）の劇伴音楽です。シンセサイザーを使った楽曲で、この世のものとは思えない音色で音楽が鳴り響いていたんですよ。子どもが見てはいけない映画だったのですが、サントラ音楽には完全に魅了されました。

その後、高校生になってからは自分で8ミリカメラを用いてドキュメンタリー作品を撮るようになりました。そこに既成の曲をつけ、学園祭で上映することもありました。私は遅れてきたプログレッシブ・ロック世代で、オランダのフォーカスというバンドがすごく好きだったので、自分の撮った映像にフォーカスのアルバム『ハンバーガー・コンチェルト』から選曲し、劇伴として使うなんてことをやっていました。曲想が非常に多彩なアルバムなので、全ての音楽を本アルバムだけでまかなえました。

――梶浦さんは仕事を始める以前、劇伴音楽についての印象はいかがでしたか?

梶浦　実は私、劇伴の仕事を始めるまで映像に音楽がついていることを意識したことがなくて……。中学まではドイツにいたものですから、テレビをつけてもドイツ語の番組しか見ることができず、テレビで映像作品を見る習慣がなかったんですよ。帰国後も兄の受験シーズンが重なって、テレビが家にない生活を送っていましたからね。そのため本ばかり読んで過ごしていて、映画を観に行くこともありませんでした。結果、いまだに『スター・ウォーズ』などの名作を見たことがありません(笑)。

なので初めて劇伴のお仕事をいただいた時は「映像作品ってバックで音楽流れてたっけ?」ぐらいの気持ちでした。こんな感じで、よくお仕事をいただけたと思いますね。一方で、劇場でオペラを見るのは子どもの頃から好きだったんです。なので私にとっての劇伴の原体験はオペラにあるかもしれません。

――梶浦さんは実写映画『東京兄妹』（一九九五）の劇伴を担当した後、アニメーションの劇伴を担当するようになります。

梶浦　その頃は深夜アニメが出始めて、作品の幅や制作本数が広がっていった時期だったこともあり、おかげで当時の私のような経験の浅い、劇伴曲をほぼ作ったことのない作曲家のところにも劇伴の仕事の発注がきたんです。音楽制作サイドの皆さんもJ-POPを担当していた若い方が参入されたり、楽曲にプライオリティを置くなど、比較的自由な環境があったように思います。そんな環境も手助けになり、映像の邪魔になる音を排除するよりも、映像と戦う音楽を面白がってくれるようなスタッフとの出会いもあり、エスニックやオペラ、ワールドミュージックの要素を用いるなど、やりたかったことを実現することができました。私にとってはうってつけのフィールドでしたね。

――アニメの劇伴以外では、自由に作れる空気感はなかったんですね。

梶浦　今ほどは無かったですね。私が仕事を始めた九〇年代、特にJ-POPシーンはカラオケが大いに盛り上がっている市場でした。それを意識して、カラオケで歌いやすい、柔らかくてオシャレなラブソングを作ることを求められていました。なのでコアなファンに刺さる、オペラやエスニック的な要素を感じさせるような楽曲はなかなか作りづらい状況だったと思います。

――梶浦さんはアニメの劇伴を担当するようになり、真下耕一監督の作品に立て続けに参加されています。

梶浦　ありがたいことに真下監督が私のことを面白がってくれたんですよ。弦もトリオまでしか書けなかったくらい未熟な私を採用してくださり、『EAT-MAN』（一九九七）、『ノワール』（二〇〇一）、『.hack//SIGN』（二〇〇二）をはじめ多くの作品に参加させていただきました。真下監督と出会わなかったら私は劇伴の仕事をやっていないと、そう断言できますね。

――真下監督からの音楽のオーダーはどのようなものでしたか？

梶浦　とにかくかっこいい曲を作ってほしいと言われていました。〝いわゆるオーソドックスな劇伴曲〟みたいな部分は気にしなくていい、と。なので私もその言葉通り、映像に付けることを意識しすぎずに、ただただ好きな曲を作らせてもらいました。でも、当時は深夜アニメの放映は始まったばかり。まだマイナー中のマイナーなジャンルでしたので、つまりあまり音楽制作の予算もなく……。そんな中で『ノワール』の劇伴では少ない予算のほとんどを4曲に注ぎ込み、残りは宅録でちまちま録っていくという、かなり極端な作り方でした。『ノワール』は音楽的にも人気が出たからよかったものの、今振り返ると当時作った楽曲は〝劇伴曲〟としては成立していなかったと思います。それでも真下監督は私の作った曲をうまく使ってくださいました。極端な曲に、極端な使い方をしてくださったんです。結果、1エピソードの中で同じ曲が3回長尺でかかったこともありました。あれはさすがに驚きましたね（笑）。

――真下監督の音楽メニューはどんなものでしたか？

梶浦　〝いわゆる音楽メニュー〟のように「悲しい曲1」「悲しい曲2」みたいなリストは書かれていないんですよ。短編小説のタイトルのようなものが並んでいました。例えば「男と女が出会う、そして」みたいな感じですね。そこからさらに注釈が、「男の問いに女は答えた。二人の背後には薄闇の光景が広がっている……」といった具合に書かれていました。加えて「(〇〇のテーマ)」といったメモが時々添えられていて、そういうのが40個ぐらい並んでいる、とても長いメニュー表なんです。なので、受け取った後の打ち合わせでは「これは悲しい曲なんでしょうか?」といったことを一つ一つ確認するところから始まって……。

——読解力の必要なメニューだったのですね。

梶浦　そうなんです。以前、真下監督に「どうしてこういうメニューの書き方をするんですか?」と聞いたことがあります。そうしたら「だってね、もしも〝悲しい曲〟とだけ書いてあったら梶浦さんは〝悲しいだけの曲〟を書いてくるでしょ。僕が欲しいのは単純に悲しいだけじゃない、その中に人生のペーソスが感じられて、どこか喜びもある曲なんだよ。だからこういうお願いの仕方をしているんだ」と教えてくれました。当時の真下さんの作品は音楽発注の時点でシナリオがあまりないことも多く、まだ監督の頭の中にしか存在しないシーンを列挙して音楽発注をしてくださっていたようです。それで出来上がった曲を聴きながらシナリオを書いてくださっていたようなんです。ある意味とても光栄なことですが、改めて、すごく特殊な作り方をされていたんだと感じますね。

——梶浦さんとしては真下監督の作るような音楽メニューと、「悲しい曲」といったことが書かれた〝いわゆる音楽メニュー〟では、どちらが作曲しやすいですか?

梶浦　どちらもあまり変わらないですね。どんなメニューであっても普通に曲は書けます。ただ、真下さんのメニューに限らず、事前にいただける情報は多いほどオーダーに近い曲が作れますし、イメージから外れる可能性は下がるとは思います。一方で、一言しか書かれていないメニューであっても打ち合わせで内容を確認すればいいので、そこにきちんと時間をかければ大きく外れることは少ないかと思います。一番曲が書きやすいのは、音楽発注の時点でシナリオをいただき、「このシーンで使う楽曲です」と指定をいただくことですね。鶴岡さんは普段この方法で音楽発注をしてくれるので、とても作曲しやすいんです。

――鶴岡さんは『ラーゼフォン』を契機に音楽メニューの書き方を変えたとお話されていました（p.26参照）。

鶴岡　そうですね。私も『ラーゼフォン』以前はオーソドックスな、具体的な曲想を書いた音楽メニューを作っていました。そうすることで「音響の全体を見渡しています」というスタンスで音響監督としての仕事をアピールでき、周囲の評価を得ることにもつながりましたから。

ただ、四十代半ばを過ぎた頃、この先は何をやっても評価は上がりも下がりもしない、仕事も失うことはないと思えたんです。それで、ここから先は自分の指向する劇伴を作ることに注力しようと思いました。そんな時に音響監督を引き受けることになったのが『ラーゼフォン』です。本作では音楽家の橋本一子さんが音楽を担当されることになり、エポックな音楽が作れると確信したんです。それで、オーソドックスな音楽の発注から脱却しました。

――本作ではどのように音楽発注をされたのでしょうか？

鶴岡　最初は〝いわゆる音楽メニュー〟を橋本さんにお渡しして楽曲を書いてもらいました。そうしたら橋本さんから「ブラスアレンジも勉強してアプローチしてみました」と曲が上がってきたんですよ。その曲は決して悪くなかったのですが、橋本さんに書いてもらった意義が薄いように思えて……。『夜のヒットスタジオ』（一九六八年に放送開始となった音楽番組）にYMO（イエロー・マジック・オーケストラ）のサポートメンバーとして参加していた頃から彼女を見てきた私としては、それでは満足できなかった。それで橋本さんに「好きな曲を作りましょう」とお話して、これまでとは違う曲のオーダー方法に挑戦しました。これまでの〝曲調〟を伝える音楽発注ではなく、〝曲想〟を伝えるようにしたんです。そうすれば橋本さんの本領が発揮できると思いましたから。

――結果、橋本さんならではの楽曲を作ってもらうことができたのですね。

鶴岡　はい。その後、橋本さんと打ち合わせを重ねていく中で、彼女の音楽の中心にジャズがあることを知ることになりました。中でも七〇年代、エレクトリック色の強い時期のマイルス・デイヴィスが好きだということが判明したんです。それを全面的に出す形で作ってもらったのが『ラーゼフォン O・S・T3』に収録されている楽曲です。

――先ほど梶浦さんから真下監督の話も出ていました。鶴岡さんは『Phantom ～Requiem for the Phantom～』（二〇〇九）で真下監督と仕事をしています。

鶴岡　真下監督はとてもかっこいい方で、憧れを感じています。立ち居振る舞いや役者との接し方も独特でしたよ。スタジオに入ってきた役者さんに対して、「地獄へようこそ」なんてことを言う方でしたからね（笑）。作品の制作に対しても確固たる哲学を持っていて、音楽に関しては映像に合うか合わないかではなく、とにかくいい曲を使いたいという考え方を持った方でした。なので決して「ここは会話シーンだから静かな曲にしよう」といった演出はしません。音響監督として共に仕事をしながら感銘を受けましたね。

一方で、その音楽の使い方は私たちにはできないものだとも感じました。こういう言い方がふさわしいのかはわかりませんが、音響監督としての職能や職業倫理からはみ出す部分がありましたから。でも、近年真下さんの作り方に自分も近づいていると感じます。やはり作曲家さんには「いい曲」を作ってもらうことが最優先。そこをきちんとクリアできれば映像と合わせることはいくらでもできるな、と。逆に、出来上がった音楽が単体として「いい曲」になっていないと使いたいと思えません。

——真下監督はご自身で曲を使って編集していくのでしょうか？

鶴岡　大まかに「こういうふうな感じでいきたい」と音楽を置くところまでは監督がやっていましたね。私たち音響スタッフはそれを受け取り、音的に調整していく感じでした。

その曲の良さが活きるように音楽を使っていくのが基本

——その後、鶴岡さんと梶浦さんのお二人が共に仕事をすることとなったのが『魔法少女まどか☆マ

ギカ』（二〇一一）です。

鶴岡　この作品は音楽発注の時点でシナリオが全話完成していたんですよ。

梶浦　そうでしたね。いただいたシナリオを読んだら本当に面白くて、これは間違いなく大ヒットするのではないかと思いました。気合が入ったのを覚えています。

鶴岡　それでシナリオと合わせて「何話のこのシーンに使う曲を作ってください。ここの音楽にはこういう意味合いがあります」ということをお伝えして作曲していただきました。あとはシナリオを読めばピンとくると思います、と。それ以外に関しては「とにかくいい曲をお願いします」というシンプルなオーダーでしたね。この当時はまだ私の音楽メニューの書き方も過渡期にあり、多少感情についても書いていました。作中で巴マミが死ぬシーン用の音楽には「恐怖」というキーワードを書いてお願いしています。しかし今だったらそういった表題も書かずに、「マミの死を目の当たりにした情景」とだけ書きます。その結果、完成した曲に「恐怖」の要素がなくてもいいとさえ思っています。

――シーンを指定しての作曲依頼はフィルムスコアリングに近いですね。

鶴岡　そうですね。ただ、シリーズものである以上は曲を使い回す必要があるので、そういう曲は尺をシーンに合わせないようにはしてもらいました。シーンは90秒だけど曲は150秒で作ってほしい、なんて話をして。

――梶浦さんは先ほど鶴岡さんがお話されたオーダーに対し、どのように作曲作業を進めていったのでしょうか？

梶浦　まずはオーダーに対し「どうして音楽が必要なのか」ということを推測するところから始めました。例えば、「この音楽は恐怖を底上げするための音楽だな」とか、そういう目的を理解することですね。さらにそこからシーンや会話の流れを加味し、テンションの持っていき方を決めました。恐怖が忍び寄ってくるようなシーンであれば静かに始まり、徐々にクレッシェンドするような曲を作る。そうやって作品の面白さが最も伝わる音楽をまずは考えていく感じですね。そこからは自分の引き出しの中にあるものを組み合わせてベストなものを構成していく作業です。作りたい曲にふさわしいリズムを知っていればそれを採用し、曲の要素を組み上げていきます。私にとって、いわば劇伴曲って読書感想文のようなものなんです。

――例えばキャラクターの心情に深く潜っていく内向的な楽曲もあれば、外に向かって解放するような広がりのある楽曲もあると思います。それらはどのように作られるのでしょうか？

梶浦　ものすごくわかりやすく言うと、音の高低で表すことができます。音程が下がると内に閉じていき、上がっていくと広がっていくように感じられます。あとは楽器数を減らすことで意外と広がりを感じられることもありますし、速さを倍速にすることで表現できることも。あるいは説明しすぎず、音を鳴らさない方が効果的なこともあります。これはケース・バイ・ケースで、そのキャラクターがどういう状況で閉ざされていくのか、例えば自己嫌悪によるものなのか、悲しい出来事があったのかによって変わってきますよね。そうやってさまざまなアプローチがある中で、戦略を考えていくのが楽しいです。

――曲の長さはどのように設定するのでしょうか？

梶浦　1曲あたり、特に指定がなければ90秒前後で作ります。その方が音響監督が使いやすいとのお話をある方から聞いたので。ただ、私は以前全ての曲を4分で作っていたんですよ。真下監督からのオーダーが全曲4分以上の指定で、それが当たり前だと思っていたので……。

――4分は劇伴曲としてはかなり長いですよね。

梶浦　そうなんですよ。しかも、真下監督は4分の曲を作るとそれを最初から最後まで全て使う人で……。なので曲の隅々まで油断ができず大変でした（笑）。一方で、4分あることによって作りやすい面もあるんです。曲の中に展開を作りやすく、作っていても楽しいですからね。ただ、4分の曲をクレッシェンドさせると緩やかに強さが変化することになります。そうすると編集して曲を途中から使うのが難しくなるのは理解できるな、と。なので、劇伴曲は90秒で作曲した方が使いやすくて親切なのかな、と考えています。

――音響監督サイドは作曲家から曲を受け取り、映像に対して使うことになります。どういったことを考えながら使っていくのでしょうか？

鶴岡　できる限りその曲の良さが活きるように使っていくのが基本ですね。作品にもよりますが、音楽の支配力はとても大きく、総合的に見て音楽を活かすことが一番高いパフォーマンスを生んでくれますから。その時に音楽を編集して貼っていく人もいれば、できる限り編集せずに貼っていく人もいる。そこは流派によっていろいろ考え方があるように思います。田代（敦巳）さん（p.53、58参照）

なんかは音楽と映像の合わせたいポイントを一箇所決め、そこを起点に曲をあまり編集せずに貼る人でした。なので曲と映像が合っていない瞬間も時には出てくるんです。以前はそういった大胆な曲の使い方に疑問を感じたこともありましたが、最近はその気持ちもわかるようになりましたね。音楽発注にしても、若い頃は形として——サウンドトラックとして成立するものを、というある意味サウンドデザインに近い考え方でやっていましたが、キャリアを重ねる中で発注にいたるプロセスも変わってきています。

——鶴岡さんの中で考え方の変遷があったんですね。時代による音楽の使い方の主流の変化もあるのでは？

鶴岡　それはありますね。序章のインタビューでもお話しましたが、八〇年代はアニメ一作が今よりもはるかにシリーズとして長く、ある程度物語もルーティンになっていました。ロボットアニメにおける、日常シーンの後に敵が登場、最後にはそれを倒して終わるというパターンのようなものです。劇伴制作もそういうルーティンの物語を前提に、事前に制作してもらった曲を編集して使うのが当たり前でした。

それが九〇年代に入ってシリーズのスパンが短くなり、物語もルーティンではなくなりました。いわば一本の長い映画を作っているような感覚ですね。結果、シーンに合わせて音楽を作るフィルムスコアリングに近い作り方が増えていきました。もちろん曲の使い回しも必要になるので、完全にフィルムスコアリングとはいかないですが。

――梶浦さんは時代と共に求められるものが変わってくるのは感じますか？

梶浦　ある程度は感じますね。ただ、監督ごとに求められるものの差が大きいので、そちらの方に目がいきます。音楽に対してはっきりと意見を持たれている監督もいれば、そのあたりは音響監督にお任せしたいという方もいますしね。

――音響監督と監督の関係性も作品によって違いがありそうですね。

梶浦　そうですね。中には監督自身が音楽に対して意見を持っているけれど、あまり事前に強く打ち出してこない方もいらっしゃるんです。そういう場合は打ち合わせを通し、監督が望んでいるものをなるべく多く伺う必要があります。私たちの仕事は、あくまで監督の思い描いている通りの曲を作ること。なので監督との打ち合わせには毎回気合が入ります。ほとんどの作品で、監督と音楽についてじっくり話せる機会は一度きりしかありません。その音楽発注の場で、どれだけ監督の想いを探れるかは大切ですから。

――中には音楽的なこだわりをうまく言葉にできない監督もいるかと思います。

梶浦　そうですね。若い監督の中には「音楽の打ち合わせでは音楽以外の話をしてはいけない」と考えている方もいらっしゃるようですが、作曲家としては監督に音楽的な話をしてほしいとは思っていないんですよ。自分なりの言葉でとにかく考えをぶつけてもらえればそれでいい。「このシーンはブワッと盛り上げたいんです」と言っていただけるだけで十分なんです。そこから読み取れることは多いですし、それに対してどんな音楽を作るかは、こちらが考えることだと思っているので。

――逆に監督や音響監督から「こういう音を使った曲にしてください」と具体的なオーダーが出てくることもあると思います。

梶浦　たまにですが、「ここは悲しいシーンなので大きな弦を使ってください」とお話をいただくことがありますね。そうなるとかかる予算が大きく変わってくるので頭を抱えることも……（笑）。

――そういったオーダーがある場合は、理由まで深掘りするのでしょうか？

梶浦　いえ、あまりそこは深掘りしませんね。特殊なオーダーがある場合はその背景に「このシーンを際立たせたい」といった意図があることがほとんどです。例えば「初登場のキャラクターに合わせて特殊な楽器を使ってほしい」とのオーダーがあれば、そのキャラクターを際立たせたいと考えているはずですから。そういった意図をきちんと理解していれば、曲を際立たせる方法は何でもいい。それ以上の深掘りは不要だと考えています。一方で、「特定の国の雰囲気を出してほしい」という理由で、使う楽器の指定があることもあります。ただ、そういう際はこちらから確認しなくても先方から理由が提示されるので、結果的にこちらから理由を深掘りすることはありません。

音楽メニュー表の作成を通じて作品の本質を掴む

――音楽とは関係ない話から曲のアイデアが生まれることはありますか？

梶浦　ありますね。実は私は打ち合わせがすごく好きで、そこでの雑談や余談で出てきた情報が劇伴曲に活かされることも珍しくありません。打ち合わせの合間にスタッフから「今作の主人公ってちょっとダサいんだよね」というこぼれ話が出れば、それを大きなヒントにして曲を作ることもあります（笑）。

以前、余談として監督から「今作は（建物の）レンガの積み方にすごくこだわって作画をしているんですよ」という話が出たことがあるんです。その発言から「この作品は世界観を大切にしているんだな」ということが読み取れました。加えて、そのレンガの積み方から作品の舞台となる国も窺い知ることができました。レンガの積み方も国によって特色がありますからね。その時に描かれたレンガはイギリス積みだったので、音楽にもそんなイメージを入れ込んでみました。そうすれば作品の世界観や、描かれたレンガをよりリアルに見せることができると思いました。他にも、打ち合わせの中には作曲のヒントになる、役立つ情報が多くあります。なので、打ち合わせ前は資料を熟読しますし、打ち合わせで出た話は片っ端からメモして帰ります。いわば音楽制作のための取材ですね。

――**打ち合わせの間に曲のアイデアが浮かぶこともあるのでしょうか。**

梶浦　はい。打ち合わせ中に監督の熱量を受け、自然と頭にメロディが浮かんでくることも多々あります。その時に閃いたメロディはかなりの確率で劇伴のどこかで活かされます。そういう言語外の情報ってすごく大切だと思いますね。

――**音響監督サイドとしては作曲家との打ち合わせ前に監督との打ち合わせがあるわけですよね。**

鶴岡　仰るように、まず最初に監督と音楽の方向性を決める打ち合わせがあります。大体の監督は「こういう音楽にしたい」「あの映画のような音楽がいい」といったアイデアを持っているので、そのイメージをもとにヒアリングしていきます。そのときに出てくるのはほとんど監督の音楽的な趣味の話です。監督は立場上、唯一作品に趣味を反映させていいポジションだと私は思っているんですよ。最終的な責任を取るのが監督ですからね。なので思いっきり趣味の話をしてくれればそれでいい。その時に監督から「あまり作曲家さんを知らないんです」という話が出れば、私の方から「この人どうですか？」と提案をしていきます。

――その打ち合わせを経て、作曲家に渡す音楽メニューを作成するのですね。

鶴岡　はい。私の場合、この音楽メニュー作成を通して作品をより深く理解していく感じがあります。作品の本質的な部分を掴めると言うか。それ以前からシナリオは読んでいるのですが、読んでいる時はあまり深くまで作品を解析していない感じがあって……。

梶浦　一方の私たち作曲家は、そこで音響監督が掴んだ作品の本質――作品に対する〝演出プラン〟を音楽メニューから理解する感じです。例えば「このシーンから音楽が入る」といった指示を受け取れば、その前の台詞を聞かせたいか、その直後の台詞を聞かせたいかのどちらかだと読み取れる。そこには明確な演出プランがあるわけですからね。中には音楽メニューを読んでシナリオの解釈の仕方が変わり、山場だと思っていたシーンが変わることも珍しくありません。音楽メニューは音響監督にとっての〝演出プラン〟なんだと思わされますね。

――梶浦さんは『まどか☆マギカ』の音楽メニューを受け取った際の印象はいかがでしたか？

梶浦　まず感じたのは、「日常曲をどうしようか」ということでした。本作は日常シーンの現実味が薄く、画面として色のトーンも淡いんですよ。なのでそこに流れる音楽もアンビエントっぽい、温かみのない曲がいいんじゃないかと考えました。そうすれば日常でありながら浮遊感が出たシーンが作れるのではないか、と。そのように意図して、通学のシーン用の曲であってもどこか裏寂しい空気感が出るように作曲を進めていきました。あと印象的だったのは、音楽メニューに日常シーン用の曲が2曲しかないことでしたね。物語的には日常シーンがそれなりにあり、不安になったので自主的に追加で1曲作ってお渡ししました。そうしたら追加で作った曲を何度も使っていただけたので、作ってよかったと思いました。

――劇伴曲全体の方向性として意識していたことはありますか？

梶浦　日常曲以外は、世界を遠くから見るような、俯瞰した雰囲気の曲を作らないように意識していました。例えば大人の群像劇なんかだと、距離感を大きく感じられるシンフォニックな音楽が適していたりします。ですが本作の中心で描かれるのは、視野が狭く、大人に頼ることも思いつけない少女たち。そんな彼女たちと同じ目線で物語を味わってもらうことで、初めて物語の悲しさを感じられると思いました。そこに俯瞰した視線が入り、「こんな遅い時間に小さい子が出歩いてはダメじゃないか」なんてことを考え出したら見ていて冷めてしまいますよね。目指したのは、「私だけの世界」を感じさせる音楽を作ることでした。見る人を我に返らせず、『まどか☆マギカ』の世界に入り込んで楽しんでもらえたらと思っていました。

鶴岡　梶浦さんが表現してくれたそれこそが、音楽に求めたい最大のポイントなのではないでしょうか。作品世界の構造を作り上げるということですね。

――梶浦さんはその構造を組み立てていくにあたって、作曲はどこから着手したのでしょうか？

梶浦　まずはワルプルギスとの戦闘シーンで使われる「Surgam identidem」「Nux Walpurgis」から着手しました。普段だったら先に全体の方向性を見渡し、各楽曲の方向性を決めてから制作に入るんですよ。そうしないと先に盛大に盛り上がる曲を作ったのに、後からさらに盛り上がる曲が必要になることも起こりえますから。好きなところから作ってしまうと矛盾が生じてきて、サントラとして成立しなくなってしまうんです。でも、この時は頭がパーンとなっていたので、いきなりテンションの高い曲から作り始めてしまいました(笑)。そこから全体のバランスを取っていったので、後から「ヤバッ！」と思う瞬間もありましたね。でも、「Surgam identidem」「Nux Walpurgis」を起点に、全体を調整しつつ音楽を組み立てていくのも楽しかったです。

――普段は全体のバランスを考えた上で作曲に入るんですね。

梶浦　そうですね。「この作品はどこまで暗い空気にしていいか」といったような、作品全体の空気感のバランスもあるので、そういうのは最初に想定した上で作曲に入った方がいいと思っています。先ほど音楽が読書感想文だというお話をしましたが、どれくらいの明るさ・暗さなのか、自分の中で幅や範囲を決めておかないと進めていきづらいというのがあります。特に『まどか☆マギカ』のような作品の場合、音楽が暗すぎると見ていられない作品になりかねないですからね。それぐらい音楽から受ける印象って大きいものです。時には物語の暗さを台詞に託し、音楽は暗くしすぎないという判断も必要ではないかと。

『まどか☆マギカ』の世界全体を内包したキュゥべえのテーマ曲

——『まどか☆マギカ』での作曲にあたって印象的だった曲はありますか?

梶浦　「Salve,terrae magicae」は作っていて楽しかったですね。当時私がイギリスの昔のダンス楽曲にハマっていたこともあり、そこからインスパイアされて笛の音色が可愛い曲に仕上げました。あとは通称「キュゥべえ営業のテーマ」である「Sis puella magica!」が印象深いですね。もともと音楽メニューに「魔法少女になろうよ」と書かれていたのに対し、作ったのがこの曲でした。打ち合わせの時に「どんなイメージの曲ですか?」と監督に質問したら「魔法少女になろうよって感じの曲で」と言われたのを覚えています(笑)。この楽曲に関しては、完成した曲を鶴岡さんが狙って使ってくださり、そのおかげで見る人の印象に残り、通称まで付けていただけたのかなと。作曲家冥利につきると思いましたね。

鶴岡　「Salve,terrae magicae」はまどかが調子に乗っている感じがよく出ていましたよね。そして「Sis puella magica!」で狙った使い方ができたのは、梶浦さんがオーダーをきちんと読み取って作曲して

『劇場版 魔法少女まどか☆マギカ［新編］叛逆の物語』
音響監督：鶴岡陽太
音楽：梶浦由記

くれたからなんですよ。本楽曲はキュゥべえと紐づいて使われるテーマ曲であると同時に、『まどか☆マギカ』の世界全体を示した曲でもあります。少女たちの想いをエネルギーに転換するというシステムや、そこにある冷徹さを内包しているんです。そこを梶浦さんが汲み取り、コンセプトに合致した曲に仕上げてくれました。聞いた時にはすごく感心したのを覚えています。

梶浦　そう言っていただけると嬉しいですね。いまだにですが、曲を提出する時ってすごくドキドキするんですよ。監督や音響監督のお眼鏡にかなう曲が作れているのだろうか、と。

――制作が難航した曲はありましたか？

梶浦　意外となかったかな……。新房（昭之）監督や鶴岡さんのオーダーはわかりやすくてすごくはっきりしていたので。

鶴岡　特にリテイクのお願いもしていませんしね。

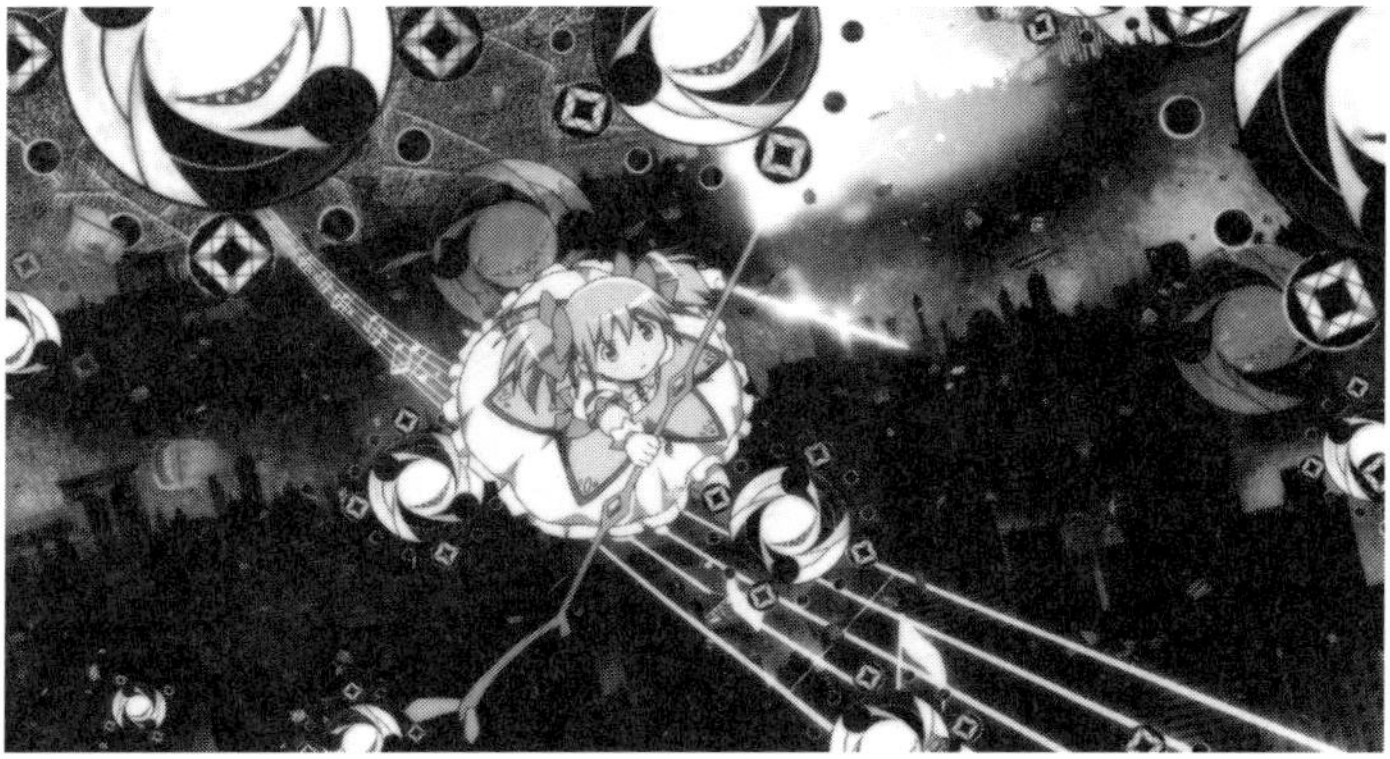

『劇場版 魔法少女まどか☆マギカ［新編］叛逆の物語』
© Magica Quartet ／ Aniplex・Madoka Movie Project Rebellion

梶浦　強いて言えば、杏子のテーマである「Animamala」は少し悩みました。彼女は初登場時と、物語の後半とで印象が変わるキャラクターです。最初は恐いイメージですが、徐々に彼女の持つ悲しい過去が明らかになり、恐怖の対象ではなくなっていきます。そんな彼女を音楽で表現するにあたり、恐い曲にも悲しい曲にも振り切れず、どういう塩梅に落とし込むか悩まされました。

――テレビシリーズのエンディング「Magia」も梶浦さんが制作しています。

梶浦　打ち合わせの時に新房監督から「エンディングどうしましょうか？」という話が出たんですよ。その時は「バラードですかね？」なんて話もしていました。それで作ったのが「Magia」で、全然バラードじゃない曲を作ってしまいました……。

鶴岡　でも、あのエンディングがなかったら本作の１話のアバンは生まれなかったと思うんですよ。そして、あのアバンのおかげで作品全体が非常にコンセプチュアルに仕上がった。結果的には素晴らしい判断だったのではないかと思います。

——鶴岡さんは本作の音作りで意識したことはありますか？

鶴岡　『まどか☆マギカ』は非常にフィクショナルな作品です。でも、それをリアルに感じてもらわないと面白さが伝わらないんですよね。音響制作においてもこれは常に意識していました。なのでSEもフレームの外側からはあまり持ってこないようにしています。そうすることで、あえて世界の広がりを感じさせないようにしました。あとは感情ではなく、〝情景〟に音楽を当てるようにもしましたね。悲しいシーンではキャラクターの心情ではなく、悲しい情景そのものに音楽を当てていく。そうすることでフィクションの物語でも、より実在感を与えられるのではないかと思います。あとは本作が持つ色彩感、劇団イヌカレーさんの描く深い色のグラデーションを、音の面でも表現できるようにと考えていました。

——その後、『劇場版 魔法少女まどか☆マギカ』として3作の劇場版が制作されました。

鶴岡　先に制作された2作はテレビアニメの総集編です。なのでテレビアニメ用に作ってもらった曲を劇伴として使用する形で制作を進めていきました。ただ、そのままだと同じ楽曲が何度も繰り返しで使われることになるんですよ。そこで、シーンを指定して新曲をいくつか書いてもらいました。その後の3作目の『［新編］叛逆の物語』（二〇一三）では、全て新たに曲を作ってもらっています。新編では各キャラクターの変身シーンにもオリジナルの曲をお願いしました。「短い曲なんだけど大丈夫?」なんて話をしましたね。

梶浦　変身シーンの音楽に関しては、うまく作れるか私自身すごく不安がありました。何度も「これで大丈夫ですか?」と聞きながら仕上げていったのを覚えています。もともとテーマとなるメロディを持っているキャラクターはそれをアレンジしつつ、テーマがないキャラクターは一から作っていきました。キャラクターそれぞれ、各々違った音色の曲にしたかったのと、タイミング的にも映像にマッチしたものにしたかったので、物理的に制作にすごく時間がかかっています。極力華やかになるようにも意識を向け、ひたすらお客さんに楽しんでもらうことを考えて作っていきました。

鶴岡　作品全体が華やかさから程遠かったので、あのシーンで華やかさが出せたのはすごく良かったです。理屈ではなく、一つのミュージッククリップになっていますよね。

台詞や効果音と違い、フレームやカットに縛られない音楽の強み

――劇伴制作にあたり映画とテレビアニメで作り方の違いはありますか?

梶浦　映画用の劇伴の方がテレビアニメに比べて自由度が高いというのが、大きな違いだと思います。テレビの場合は1話で大体30分ぐらい尺があって、その中に一回、音楽で言うところの〝サビ〟が必要になります。対する映画の劇伴の場合、2時間あったらその中にサビが10回あってもいいし、2回

しかなくてもいいんです。ひたすら30分間音楽を潜め続けることもできるし、なんなら30分間音楽なしという判断もできます。逆に——台詞を邪魔することがなければですが——ずっと派手な音楽をかけ続けることもできますよね。そこには映画ならではの自由さがあり、やりがいを感じます。

——楽曲単位でも映画とテレビアニメで作り方の差があるかと思います。

梶浦　映画の場合は作った楽曲を編集せず、そのまま使っていただくことがほとんどです。対するテレビアニメの場合は、曲に編集が入ることが多いんです。なのでテレビ用の劇伴では編集のしやすさをある程度意識しますね。曲をお渡しする際はステムデータ（複数の楽器の音声を各々に編集できるファイル形式）にしているので、一部音を抜いても使えるように情報量を多くするなんてこともあります。あとは途中からでも使いやすいように展開の変わり目に間を入れたり、展開が「バン！」と一気に変わるような工夫もします。

——音響監督として、映画の音楽編集における工夫はありますか？

鶴岡　映画に限らずですが、フィルムスコアリングで曲を作ってもらっている場合、できるだけ音楽のレベルを触らないのが一つの理想です。作曲家がシーンに合わせ、ダイナミクスまで考えて曲を作ってくれていれば、それをできる限りそのまま使うのがいいと考えていますから。逆に盛り上がるシーンだからといって音楽のレベルを上げるのは、音響監督やミキサーの自己満足な感じがしてダサいな、と。この考え方は世間にも広げていきたいんですけどね。

梶浦　鶴岡さんはお渡しした曲をできる限りそのまま使ってくださる稀有な音響監督なんですよ。

歌入りの曲を会話シーンで使う場合も、なるべく編集せず使えるよう模索してくださる。

鶴岡　作曲家が「これが一番いい」と考えた曲を渡してくれているので、それをできるだけそのまま使った方がいいという考え方なんです。あまりステムデータをいじるのも好きではないので。その分オーダーの時点でいろいろとお願いが増え、作曲家さんには負担をかけてしまうのですが……。

梶浦　作曲家サイドとして一番嬉しいのは、映像や物語と音楽がマッチしていることなんです。そのためだったらオーダーの内容が複雑になっても別に構いません。たとえ作った曲がズタズタに刻まれて使われたとしても、その結果作品がより良くなれば作曲家としては嬉しいことなんですよね。時には楽曲に対してのリファレンスを渡されることもありますが、それもありかなと。

鶴岡　私もリファレンスを渡していた時期がありますね（笑）。予算がカツカツで、ミニマムな曲数しかお願いできなかった時なんかに。これは絶対に外せないという思いがありましたから……。

梶浦　リファレンスをいただけるのもありがたいんですよ。ただ、作曲家にとって大切なのは、そのリファレンスがなぜ渡されたのか考えることです。リファレンス曲が持つ雰囲気の〝どの部分〟を欲しているのかを読み解いた上で作曲しないといけないな、と。逆に、そこをきちんと押さえておけばリファレンスと似ても似つかない曲を作っても問題はないと思っています。実際に全く違う曲を作って渡したことも多くあります。作曲家としてのプライドで、そのままの曲を作りたくないという想いはありますからね。その結果、お渡しした曲に対して「リファレンスと違う」と言われたことはほぼありません。2回ぐらいはありますけど……。

――音響監督と作曲家がコミュニケーションを取るにあたり、共通言語は存在するのでしょうか？

鶴岡　ないと思いますね。一般的にはあるかもしれませんが、私は把握していません。音楽的なことに関してはやはり作曲家の方が圧倒的に詳しいわけですから。私としては「このシーンに音楽が欲しい」ということをきちんとお伝えして、どんな曲を作るかはお任せする感じです。そこまで思い描けたら自分で作曲するよという話になりますからね。

梶浦　強いて言えば、いただいた音楽メニューが両者の共通言語と言えるかもしれませんね。それを元に、求められているものをいかに汲むかが重要かと。メニューが共通言語になるように、作曲家が頑張って応えることが求められると思います。

鶴岡　確かに音楽メニューから汲んでいただいている部分は大きいですよね。打ち合わせでもあまり音楽的な話はしていませんし……。

梶浦　特殊な曲が必要な場合に音楽的な話をすることもありますけどね。例えば「遠くから女の人の声が聞こえてくるシーンなので、曲の中に女性のボイスを入れてください」なんてオーダーがあれば、音楽の話をすることになります。ただ、これも監督や音響監督、作曲家のスタイルによって違いもあるかと思います。鶴岡さんは作曲家を信頼して曲の内容を任せてくれる方なので、音楽的な話は最低限なのかもしれません。

――作曲家の方から曲調について音響監督に質問が入ることもあるのでは？

鶴岡　ありますね。そうなると回答に困ってしまうんですよ。「曲のテンポどうしたらいいですか？」

と質問されると、「考えてなかったな……」と答えに詰まる。そのあたりは作曲家さんにお任せするのがいいと考えているので。

梶浦　劇伴曲のテンポを決めるのって本当に難しいんです。なので質問したくなる作曲家さんの気持ちも理解できます。特にバトルものなんかは難しいんですよ。通常のシーンに比べて（テンポが）速い方がスピード感があっていいかなと思う反面、速くしすぎるとパワーや威厳が感じられなくなってしまう。ならばいっそのこと遅くしてしまった方がよかったり……。何度も作っては壊してを繰り返して、最終的に決めていく感じですね。

――鶴岡さんが関わった作品の中には映像、音楽、SEのタイミングが一致しているシーンも登場します。そういったシーンはどのように作るのでしょうか？

鶴岡　先にSEを作曲家の方に渡し、SEに合わせた曲を事前に作ってもらい、その後全体を合わせる流れですね。例えば『リズと青い鳥』（二〇一八）の冒頭、足音と音楽が重なるシーンなんかはその一例です。

アニメは3コマ打ちで1秒に8枚、2コマ打ちで1秒に12枚の絵が使用されています。なので、絵が変わるのに2コマ打ちですら1／12秒かかる。対する音にはクロックという精度があり、1／96秒や1／128秒で調整しながら作ることができるんです。実は音楽というのは時間軸においてとても優れた精度を持っていて、音楽における1／12秒のズレは絶望的なほど大きな数字です。そこで音楽先行で作り、後から全体を合わせる方法をとることで、音がズレて見えなくなります。それによって映像、音楽、ＳＥのすべてが合っているように感じられるんです。

――アニメの劇伴制作の面白さはどこにあると感じますか？

梶浦　実写の劇伴と比べた時に、アニメの方が派手な音楽を求められることが多くあります。そこは一つの面白さだと思います。例えば「英雄が大軍に特攻を仕掛けて死ぬシーン」を実写で作るハードルは高いですが、アニメだとそういった感情の振り幅の大きいシーンは頻繁に出てきます。そういうシーンに合致する大袈裟な、シンバルが鳴り響くような派手な音楽を作る機会に恵まれるのが、アニメの劇伴制作の醍醐味です。そこには私が幼少期に好きだったオペラに通じる部分があると感じるんです。オペラでは感情の振り幅が大きい、少女が「恨むぞ！」と泣き叫ぶ悲劇のシーンなどが頻繁に登場しますからね。自分で言うのも図々しいですが、私にとってアニメの劇伴制作は天職なのではないかと思っています。

――一方で、音響監督から見た劇伴音楽の良さはどこにあると思いますか？

鶴岡　台詞や効果音はフレームやカットに縛られるのに対し、音楽はそのどちらにも縛られることがありません。そこが唯一無二の強みだと思いますね。昔はいかにカットと音楽を合わせるかということにこだわっていた時期もありました。ただ、時を経てそこは重要ではないと考えるようになったんですよ。音楽を音楽単体で捉え、いかに聴かすのかを考えた方がいいのではないか――それが最近の私のマイブームとなりつつあります。そうするだけの力が音楽にはあって、映像と並立できる存在であるのが音楽だと思っています。そういったことを踏まえると、やはり音響監督にとっては音楽は重要なテーマかな、と。ただ、私もいろいろな変遷を経てこの思いに至ったので、若い音響監督の皆さんにもこれから多くのマイブームを積んでいってほしいと、そう思っています。

つるおか・ようた／プロフィールはP.14に掲載

かじうら・ゆき／作詞・作曲・編曲を手掛けるマルチ音楽コンポーザー。一九九三年にSee-Sawのコンポーザー兼キーボディストとしてデビュー。現在はアニメを中心とした劇伴音楽を手掛け、『ソードアート・オンライン』（二〇一二）、『鬼滅の刃』（二〇一九）等、数々の話題作を担当。アニメ作品以外にも、北野武監督・主演映画『アキレスと亀』（二〇〇八）やＮＨＫ『歴史秘話ヒストリア』（二〇一九－二二）等、活動は多岐にわたる。二〇〇四年より個人プロジェクトFictionJunctionの活動を開始。「Yuki Kajiura LIVE」と称したライヴも世界規模で行っている。

COLUMN

4

アニメ音響の歴史
History of Animation's Sound

進化する音楽や効果とともに歩む音響の道

明田川進

Susumu Aketagawa

――音響監督は、そのキャリアやスタイルでいくつかのタイプに分かれていると思います。

明田川　僕はどちらかというとサウンドデザインですね。それが結局、キャスティングにも影響している。だから僕は、芝居付けは最初にやりません。役者さんが性格設定や台本を読んでどのようにキャラクターを表現するのか、お芝居をしてもらって、それから考えます。

ただ、今の声優さんはすごいと思いますよ。絵が全然なくても、台本にあるト書きを読んで演技を自分で組み立てていく。売れている実写の俳優さんの中にもそういうお芝居の組み立てが非常に上手い人がいますが、普通はなかなか難しい。舞台でうまい芝居をされていても、アニメのお芝居として成立せずちゃんと声が出せなくて、残念だなと思ったことはあります。

予算が潤沢にあって自由にキャスティングできる場合もあれば、本当はベテランをたくさん入れたいんだけど、予算が叶わず一人だけ入れて芝居を引き締めようとする場合もあります。『銀河英雄伝説』（一九八八）は潤沢でしたね。この作品では、原作の台詞そのままに作るというのが厳命でした。どうしてもフィルムに入らないシーンが出てくると、台詞を全部録ってから、台詞に合わせて絵を直すという徹底ぶりでしたから。

――音響監督の仕事でどのようなところに面白さを感じますか？

明田川　ミキサーさんを誰にするか、音楽を誰に担当してもらうか、声優さんは誰にするのか、というキャスティングやスタッフィングの妙でしょうか。

――ミキサーさんはやはり音響監督の片腕といった感じでしょうか。

明田川　そうですね。とても大事です。よく制作チームのことを「○○組」なんて呼んだりしますが、ミキサーさんは、その中でも重要な位置を占めています。昔のミキサーさんは絵を見ながらフェーダーをいじっていたんですよ。お芝居の感情が上がってくるところでミキサーさんも上がっていく。ちょっと直したいところがあったらその場で伝えたりしていました。しかし最近は初めからコンピュータにフェーダーのレベルを覚え込ませてしまうから、芝居中は何もしないし、軽く直してもらうことも難しい。失敗がない反面、ちょっと寂しいですね。デジタル化したことで、打ち込みじゃないけれど、本番では最初に計算したことが間違いないかを確認する感じに変わりましたね。この場合はその場の反応というより、最初の計算のセンスの良さが問われる感じです。

――効果音に関してですが、昨今のアニメでは、その場で生音を付けていく〝フォーリーサウンド〟のクレジットも見るようになりました。それまで効果音は音響効果さんのストックをベースに使われていたんですよね。

明田川　アニメの制作の初期段階では一つ一つの効果音を作っていたのでどうしてもマンガ音になるきらいがありました。先ほどもお話をしましたが、それを変えたのが倉橋さんたち。生音をうまくつければより映像がリアルになるんだと証明したんです。アオイスタジオでミキシングをしていたミキサーの柏原（満）さんも後に音響効果を手掛けるようになりますが、生音だけは倉さんに頼むようになったぐらいですから。

――柏原満さんは『宇宙戦艦ヤマト』や『サザエさん』（一九六九～）など数多くの作品で音響効果を手掛けられました。

明田川　柏原さんご自身は『鉄腕アトム』の効果音を担当していた大野（松雄）さんの作る効果音をミキシングしながら脇で見ていて、自分も想像で作ることができるアニメーションの音の世界に行きたい、とアニメ業界に入って来られました。だから柏原さんの効果音は独特なんです。

――日本のアニメにおいて演技や効果というのは「記号的→自然的」へ進化していった。

しかも先人の技術に後人が影響を受けて変遷していったことがよく分かりますね。

明田川　一方で音楽はまた違う形で来ています。僕がこの世界に入った頃、『アトム』も『ジャングル大帝』（一九六五―六六）も『リボンの騎士』（一九六七―六八）も、音楽は各話ごとに録っていました。『アトム』がまたすごかった。音響監督がいないものですから、効果の大野さんが「ここは効果音でやるけど、こっちは高井さん、やって」とリクエストして、それを受けて音楽の高井（達雄）さんが作曲するんです。それぐらい大野松雄さんは巨匠でしたね。

――録音演出の別所さんがお芝居以外には関わらないためそういうやりとりが生まれるわけですね。

明田川　大野さんや柏原さんがミックスをやる中で、音というのはこうでなくちゃいけない、という哲学を持っていたのでそういうことが言えたんです。高井さんは『アトム』で初めてアニメのテーマソングを作り、当然ですけどテレビアニメの劇伴もこれが初めてだったわけで、大野さんの注文に応えていく形で作曲したわけです。

――少し後だと『ジャングル大帝』で冨田勲さんが音楽を担当しています。

明田川　そのころ念頭にあったのはディズニー作品です。ディズニーは、最初に音楽を作ってそれに合わせてアニメーションを作る。だからあれほど絵と音がシンクロしているわけです。『ジャングル大帝』の場合、それは難しい。でもなんとかしてディズニーみたいにできないか、と。それで冨田さんが考案した、絵と音楽をシンクロさせる独自のシステムが作られました。

——それはどんなシステムだったのでしょうか。

明田川　まずこちらで冨田さん専用の16ミリフィルムを作り、「ここから音楽がスタートです」「ここで曲の調子が変わります」という印をデルマで入れ、曲のイメージを書いた絵コンテと一緒に冨田さんに渡す。次に冨田さんが今度はそのフィルムの頭からパンチで穴を入れるんです。そのパンチ穴はテンポを表していて、指揮者はそれを見て曲のテンポを掴みます。曲の調子が変わるところになると合図のデルマが出てくるので、指揮者もそれを見て変化に対応するんです。そういう方法で1話ごとに録っていました。これをやっていたので『ジャングル大帝』や『リボンの騎士』では、映像と音楽をシンクロさせることができました。このために冨田さんのお宅に行くと、パンチで開けたフィルムの丸い切れ端が、いたるところから出てきていましたね（笑）。その後、この方法をやった人はいませんでしたが、いい勉強になりました。冨田さんと付き合うようになって、音楽の世界がまた一段と素晴らしいと思うようになりました。

——アニメの音響は、根拠のないところから一つずつ足し算をしていき、絵と合わせて自然なものを作っていく。雲を掴むような作業ではありませんか？

明田川　定義ができないということが僕はすごくいいと思っています。例えば足音はどんな音を付けても足音になるし、悲しい気持ちにどんな音楽をつけてもいい。教育現場ではみんなに、「ノンモン（ノン・モジュレーション、無音）も音だよ」ということを教えています。みんなベタに音を付けたがるけど、意図あるノンモンは演出であり、それも大事なんだと。だからアニメは実写よりも大いに遊べる部分があると感じています。音に呼応してアニメーターの人たちがより工夫を重ねるモチベーションになっていくとさらに楽しいですよね。その結果として、いかに監督の持つ世界観に近づけていくかだと思うんです。

――これからアニメの音響はどうなると思いますか？

明田川　授業を持っていた京都精華大学では、四年間のうち最初の二年はアナログでアニメーション制作を学びます。残りの二年でアナログ制作を踏まえて生徒が企画を立ち上げ、作品を作る。業界でデジタル化は進んでいるけれど、僕としてはやっぱり基本にアナログがないとダメだという考えがあるんです。だからＡＩの動向は気になっていますね。業界としてどう対応するのか、注視していきたいです。

COLUMN

番外編

アニメ音響の歴史
History of
Animation's Sound

『AKIRA』における音の革新

明田川進

Susumu Aketagawa

明田川　『AKIRA』は変わっていくシステムに合わせて全部で7回ダビングをし直しているんですよ。

――5・1チャンネルが普及する時に5・1チャンネル版、DVD・Blu-ray化の時に新音響ミックスが登場しますね。

明田川　その変わり目もあった気がしますが、例えば『幻魔大戦』でもあったように、劇場でウーファー（低音域を出せるステレオ）が使えるということで劇場用に6チャンネルをダビングしたこともありました。

――なるほど。八〇年代を通じて、映画館の音響フォーマットがどんどん新しくなっていったという印象があります。

明田川　大きな点としては、劇場側が音響システムをアップデートしてくれたんです。前は5・1チャンネルもできませんでしたが、アメリカから来る映画がみんな5・1チャンネルということで対応せざるを得なくなった。スタジオもそれに応じるように変わっていきました。

――新しいフォーマットに対応することを現場ではどう感じていましたか。

明田川　今までできなかったものができる、こんなふうに音が動かせるんだ、この音も再現できる、という感動でいっぱいでした。一番楽しかったのは『AKIRA』のダビングです。最終ダビングの直前で、山城先生が「今のバージョンだと自分の音楽の本当の部分を再現してもらえていない、どうしてもその音を再現するために音楽をやり直したい」と言うんです。だけどそれを再現できるスタジオがないから、大橋（力）さんの研究室にスピーカーを入れて、新しくスタジオを作ってしまった。

――「大橋力」は芸能山城組の山城祥二さんの本名で、科学者としても知られています。

明田川　そのスタジオに高性能のダビング機まで入れてダビングしました。さらにあと、また新しいバージョンのソフトが出るということで、再度スピーカーを作り直してダビングをして。

――最初にダビングを直したのはいつですか。

明田川　最初はLD化のタイミングです。LDは音楽がフィルムよりもいい状態で再生できるというので、音楽だけを入れ替えるダビングをしました。次は、フィルムもデジタルになって再生能力が出てきたのでそれ用に。だけど問題もあって、デジタルメディア（CDなどの記録メディア）に通すと音のレンジが一定箇所からカットされてしまうんです。自分の目指す音が再現できない、と先生はいつも考えていました。

――アナログレコードでは出ている低周波が、CDではカットされてしまう、という話を当時山城さんがされていましたね。

明田川　山城先生と付き合い始めてから、僕は映画の音響に関しての知識が一回ゼロになりました。真っ白になっちゃったんです。

――真っ白に、とはどういうことでしょうか。

明田川　僕は『AKIRA』の中で、音楽を3つぐらい重ね合わせているシーンをたくさん作ったんです。それはこれまでセオリーとして築き上げてきた音楽の作り方、被せ方が全く通用しない、ゼロから積み上げなくては対処できないやり方でした。それでも山城先生は、ちゃんと出るから大丈夫です、明田川さん、自由にやってください、音楽はそういう作り方をしていますから、って言うんですよ。

――声を楽器のように使うブルガリアンボイスと役者さんの台詞で、音域が被ることもあったのでは？

明田川　その辺に一番悩まされました。台詞だけじゃなく効果音にも被らないようにしなくてはいけない。お芝居は全部プレスコで、ブルガリアンボイスのＢＧＭに打ち勝てるようなレベルをちゃんと録っていました。それでも全体で３回くらい台詞だけを細工したり、編集し直すということをやりました。

――そもそも芸能山城組に音楽を依頼するに至ったきっかけは何だったのでしょうか。

明田川　吉祥寺の喫茶店で大友（克洋）さんと音楽についての打ち合わせをした時が始まりで、大友さんが、破壊の意味も含めた「レクイエム」というテーマを僕に出してきたんです。だったら、ということで学生時代からずっと聞いていた芸能山城組のコーラスのＬＰを引っ張り出して何曲か聞いてもらいました。大友さんの反応もよかったので、芸能山城組に、アニメの音楽をやってもらいたいという話をしに行きました。実は山城先生は最初、依頼を断ろうとしたらしいんです。ただ、周囲の人たちから、大友さんの作品をなぜ断るんだ、としつこく聞かされていたらしくて。それで後日また山城先生とお会いした時にいろいろとお話をし、「やりましょう」と言ってもらえました。

――そこで正式に決まったわけですね。

明田川　僕が実際のアニメの音作りの方法も含めて、詳しく話をしたことで考えを変えてくれたようでした。

――やり方に関して山城さんからのリクエストはなかったんですか？

明田川　山城先生が映画音楽のＢＧＭを担当するのが初めてだったんですよね。自分たちでコーラス音楽を作ることはあっても、曲のオーダーを受けるのは初めてだった。そこで間に入ってくれたのが蒲田恵司さん。当時日本でトップレベルのマニピュレーターで、先生の素材を組み合わせて見事に作り上げてくれました。

――現代都市の雑踏と芸能山城組の音楽。組み合わせが絶妙ですよね。

明田川　山城先生から竹筒をドンドンと鳴らす楽器「ジェゴグ」の音を聞かされて、僕は圧倒されていました。ジェゴグを使った曲は、都市をバイクで疾走するシーンで流れたのですが、大友さんもきっと納得したんじゃないでしょうか。まさにふさわしい音楽だったと思います。

――大友さんがスタジオに挨拶に行ったら、山城さんが「チューニング中です」とジェゴグの竹を削っていたというエピソードがありましたね。

明田川　竹の原産地であるインドネシアの気候と日本の気候が全然違うんですよね。竹が日本の湿気に大きく影響を受けるため、演奏が終わったらすぐに布でくるんで撤収していました。

――合計7回のダビングというのは『AKIRA』以外、例のないことだと思います。映像のクリアリングもさることながら、音の差し引きや調整も毎回行っていたんですか？

明田川　もちろん、毎回やっていました。聞きにくい台詞を持ち上げたり、鳴らす位置を変えたりと、さまざまな調整をしています。

――音楽や効果音、台詞がぶつからないように再調整していく。アナログとデジタルの違いを同じ作品の中で何度も経験されたのですね。

明田川　本当にすごい経験ですよ。実は僕の自宅には再生機が4つあって、その全てに違うバージョンを入れて同時に見られるようにしてあります（笑）。違いがハッキリ分かるし、最終的には別の作品のように聞こえてくる。でもね、言い出したのが山城先生だったからこれほど直せたんだと思います。他の作品では到底できないでしょうね。

――リメイクの度に制作予算がかかるわけですからね。

明田川　大友さんが言っていましたよ。アナログでは撮影でセルと背景を合わせて「これで」と言ったらそれが決定になってしまうけど、デジタルはいつまでも直せるから終着駅が分からなくなった、と。デジタルになって果たして良かったのか、悪かったのか。考えてしまいますね。

巻末付録　推薦作品ガイド

Appendix: Recommended Works

以下では音響を学ぶ方や興味のある方を対象として、皆さまに必見の作品をご推薦いただきました。

Q1

映像作品において、音響・お芝居・音楽が優れていると感じられた作品や、影響を受けた作品、参考にされた作品を教えてください。

Q2

映像作品以外で、おすすめの作品があれば教えてください。

鶴岡陽太

A1

『ツイスター』（一九九六、米）

竜巻による災害や恐怖を描いたパニック映画。ディスクリートのデジタル音声トラックに挑む覚悟を突き付けられた作品です。

『コヤニスカッツィ』（一九八二、米）

ゴッドフリー・レッジョ監督、作曲家のフィリップ・グラスによるドキュメンタリー映画。ミニマル・ミュージックという概念と、その映像作品との親和性を認識させてくれた作品です。

『コクーン』（一九八五、米）

異星人との交流を描いたSF映画。ジェームズ・ホーナーによる、感動的に泣ける音楽が印象的です。音楽の支配力の強さを認識した作品。

『メッセージ』（二〇一六、米）

未知の知的生命体とのコンタクトを描くSF映画。作品感も相まって、ヨハン・ヨハンソンの音楽を堪能できる作品です。ドローン・ミュージックと言われるスタイルも、持続性という観点から見れば対照的ではありますが、ミニマル・ミュージックと同じく映像との親和性が高いと思います。

A2

『メモリーズ・オブ・ビル・エヴァンス／山下洋輔』（二〇一四年配信）

音楽作品（ハイレゾ配信）です。ここ二十年ほどの、自分の再生環境のリファレンスとなっています。良い音とステレオ再生の可能性についての指標でもあります。

明田川進

A1

『アーティスト』（二〇一一、仏）

『やぶにらみの暴君』（『王と鳥』、一九八〇、仏）

『アラビアのロレンス』（一九六二、英）

山田陽

A1

『スター・ウォーズ』シリーズ

小学生の時に、衝撃を受けた作品の一つです。今はCGでほとんど何でも表現できますが、あの時代に観た映像としては、輝き過ぎていました。あれ以来、ずっと公開日に観に行っています。現在、ディズニーチャンネルのお仕事で『スター・ウォーズ』のアニメに関われていることが夢のよう。昨年スカイウォーカーランチに行ったときも歓喜しました。

『スタンド・バイ・ミー』（一九八六、米）
男の子なら皆さん好きでしょ、と思う作品です。冒険劇と、思春期だからこそ抱える気持ち、いろんな思いが描かれ、懐かしさで溢れている大好きな作品です。映像とベン・Ｅ・キングの歌声も素敵。そして、美形なリヴァー・フェニックスの姿や、若き日のキファー・サザーランドも見どころ。スティーヴン・キングの作品は、未だに探してよく観ます。

『ニュー・シネマ・パラダイス』（一九八八、伊）
この作品には短縮版（劇場公開版）と長尺版があり、それぞれで映画の主題が大きく違っています。短縮版で、数多くの賞を取っていますが、その頃は何も共感していませんでした。ところが後に長尺版を観た時に、全ての見方が変わってしまい、奥の深い内容に撃沈しました。これほど変わるものか、と驚きました。後で知ったことですが、全てアフレコで制作されたようです。何度も同じ曲が流れますが、全然嫌な気持ちになりません。現在もこの曲がふと流れるのを聴くと、なぜか泣けてしまいます。

『ＡＫＩＲＡ』（一九八八）
漫画は学生の頃から色んな作品を読んでますが、アニメーションというものに縁がなく、観たこともありませんでした。『ＡＫＩＲＡ』が劇場公開された際、プレスコで収録したらしいと噂に聞き、どんなものか観に行きました。そこで目にしたのは、アニメでは描きにくい、ドラッグ、覚醒、子どもたち。そしてこれまで見たことのない色彩。観てすぐに沼りました。そして早速ＫＣデラックス（原作）も買いに行きました。今も大事に保管しています。

『ＢＬＵＥ ＧＩＡＮＴ』（二〇二三）
初めてアニメで泣きました。学生時代の自分と被ったバンド活動の話に、ボロボロ泣きました。音楽で痺れて、内容に痺れました。知り合いの音楽チームだったので、すぐに連絡し、いろいろ聞いてしまいました。「こんな映画に参加したいな」と思いました。でも、参加していたら客観的に観れなくなるのも事実。この映画を作った全てのスタッフに拍手。ありがとう、と感謝を伝えたいです。

郷田ほづみ

A1

『カルメン』（一九八三、西）
アントニオ・ガデス主演・脚本・振付の映画。監督はカルロス・サウラ。フラメンコの群舞の足音など、SEが印象的な作品です。効果音が人間の力強さを感じさせます。フラメンコギターの第一人者、パコ・デ・ルシアの生演奏も興味深いです。

『2001年宇宙の旅』（一九六八、英米）
言わずと知れたスタンリー・キューブリック監督の叙事詩的SF映画。説得力のある静寂が、宇宙の無限を表しているように感じられます。その中で奏でられるクラシック音楽により、神の存在すら想像させる演出。HAL9000を破壊するクライマックスでは、宇宙服の中の呼吸音を強調し、緊張感を醸し出しています。『装甲騎兵ボトムズ』（一九八三）最終話のワイズマンを破壊するシーンは、この作品へのオマージュかと思います。

『ダンサー・イン・ザ・ダーク』（二〇〇〇、丁）
ラース・フォン・トリアー監督による、アイスランドの人気女性歌手・ビョーク主演のミュージカル映画。モノクロで描かれた現実と、妄想の中のミュージカルシーンのメリハリは、音響的にも注目すべき作品です。

『ふぞろいの林檎たち』（一九八三―一九九七）
TBS制作の、山田太一原作・脚本によるテレビドラマ。通常のテレビドラマでは、劇中のBGMとして劇伴を用意しますが、この作品では、ほぼ全てサザンオールスターズの楽曲を使用。テレビシリーズの挿入曲を全編1アーティストの曲のみで構成するというのは珍しく、しかもそれが見事に効果を発揮しています。

『奥さまは魔女』（一九六四―一九七二、米）
日本でも吹替版が製作され、人気を博した海外ドラマ。声優のキャラクター作りから、演技・演出、全てにおいて日本語吹き替えのお手本となるようなコメディ作品です。主人公の家のお向かいに住むグラディスさんという奥さんが方言で喋る設定は、地味ですが秀逸。吹替版が嫌いで、海外作品は必ず原音と字幕で観るという人も、この作品と「刑事コロンボ」は吹き替えで観ているはず。

『カラオケ行こ!』（二〇二四）
和山やま原作の人気コミックを山下敦弘監督が実写映画化。脚本は野木亜紀子氏が担当。スタッフロールが流れるエンディング曲の演出が心憎いです。

若林和弘

A1

『劇場版 銀河鉄道999』（一九七九）
りんたろう監督作品。音楽の処理で「必要な部分に必要なだけを、常に適量使用する」ことが計算されていると感じた作品です。当時は泣かされました……。

『serial experiments lain』（一九九八）
鶴岡さまと笠松（広司）氏が組んで挑んだテレビシリーズ。今は亡き中村隆太郎監督作品。話数は忘れましたが、台詞がほとんど無いのに、音楽と効果音だけで心情やストーリーを描いていたことに圧倒されました。

『アヴァロン』（二〇〇一）
自分が関わった押井守監督の実写作品。スカイウォーカーのスタッフと、日本の効果音スタッフが協力して作成した各々の音が、互いを引き立てて います。押井監督の狙いが成功した作品です。直接関われて良かったと思っています。

『ようこそ映画音響の世界へ』（二〇二〇、米）
二〇二〇年に公開されたドキュメンタリー映画。トーキーの時代から最新の映画音響までの移り変わりと、影で活躍してきた音響に携わるさまざまな人の仕事や生き様を真摯に学ぶことのできる作品です。

三間雅文

A1
『ジョーズ』（一九七五、米）
ピンチから生まれた名作。ジョン・ウィリアムス氏とスピルバーグ監督のアイデアが光っています。音楽と効果の重要性と未知なる可能性を感じる作品です。

『うる星やつら2 ビューティフル・ドリーマー』（一九八四）
押井守監督による作品。計算された音の構成とドラマ展開が秀逸だと思います。

『THE FIRST SLAM DUNK』（二〇二二）
二〇二二年に公開された、漫画「SLAM DUNK」の劇場版。音の引き算が素晴らしいと感じました。

梶裕貴

音響のプロフェッショナルの皆さまに並んで私が解説だなんておこがましすぎますので、以下に作品のみ挙げさせていただきました。有名作ばかりでご存知かとは思いますが、ぜひ実際に作品に触れて体感されてください。

A1

『もののけ姫』（一九九七）
『AKIRA』（一九八八）
『リリィ・シュシュのすべて』（二〇〇一）
『ダンサー・イン・ザ・ダーク』（二〇〇〇、丁）

A2

・野田秀樹さん演出の舞台
・小林賢太郎さん演出の舞台

梶浦由記

音響のことにはあまりコメントできず、また影響を受けたり参考にした作品は多すぎて絞れず、学ぶ方に勧めたいものはご本人の好きなものが一番、と思ってしまうので難しいのですが、以下にお答えさせていただきました。結果的に自分の好きなサウンドトラックを挙げさせていただいた形になります。

A1

『ブレードランナー』（一九八二、米）
近未来を描いたSF映画。当時は単に音楽家のヴァンゲリスが好きだからという理由でサウンドトラックCDを購入して聴き込みました。オフィシャル版には台詞も収録されていて、「こんなふうに台詞と音で空気感を作るんだな」と感じながら聴いていたのを覚えています。

『ウォーターワールド』（一九九五、米）
環境破壊を描いたSF映画。音の広がり、パーカッションの使い方、冒険心をくすぐるスケール感たっぷりの組曲のようなサウンドトラックを、当時ずいぶん聴き込みました。楽器の使い方など、私自身かなり影響を受けていると思います。

『アンダーグラウンド』（一九九五、仏独半）
旧ユーゴスラビアの激動の時代を描いた作品。映像と音楽と物語が対等に、うねり、画面から溢れてくる爆発的なエネルギー、美しさが今でも忘れられません。

A2

『Songs of the distant earth / Mike Oldfield』(一九九四年発売)

実際にある映像音楽ではなく、クラークのSF小説「遥かなる地球の歌」をベースにしたコンセプトアルバムです。聴くたびに美しく神聖な異国の映像と物語が脳内に広がります。実在しない映像だからこそ、年を経るたび「美しさ」は更新され飽きることがありません。質問の意図とは違ってしまうかもしれませんが、「映像と音楽」と言われると真っ先にこの一枚を挙げたくなります。物語も、音楽を聴くたびに脳内で勝手に書き足したり上書きしたりしたようで、もう原作の筋は朧げです。読み返したくはないと思っています。

藤津亮太

吹き替えを含めた声優にまつわる書籍は数多く出版されているので、ここでは特に挙げることはしません。

A1&A2

『蒸気船ウィリー』(一九二八、米)

ミッキーマウスのデビュー作として有名な本作。フィルムに音を焼き込むサウンドトラック方式を初めて採用したトーキー映画です。併せて『ミッキーはなぜ口笛を吹くのか―アニメーションの表現史―』(細馬宏通、二〇一四、新潮社)も読みたいところ。特にアニメと音の関係については、第六章「映像に音をつける」以降に詳しいのでおすすめです。

『ようこそ映画音響の世界へ』(二〇二〇、米)

ミッジ・コスティン監督による、映画音響の歴史と仕事にスポットをあてたドキュメンタリー作品。音響がどのような仕事で、どのような効果を映画に与えてきたのか、さまざまなハリウッド映画を題材にわかりやすくまとめられています。

『SHIROBAKO』（二〇一四）第10話「あと一杯だけね」

アニメーション制作を題材にしたテレビアニメ『SHIROBAKO』は、アニメ制作入門としてもわかりやすい内容で知られています。第10話は音響パートを扱ったエピソードです。

『アトムの足音が聞こえる』（二〇一一）

国産の本格的テレビアニメ第一号である『鉄腕アトム』（一九六三）の音響デザイナーである大野松雄氏の仕事と人生を題材にしたドキュメンタリー。冨永昌敬監督作品。『アトム』の効果音がどのように生み出されたのか、アニメ音響の黎明期の様子を知ることができます。本作を見ると、大野氏の手よる『アトム』の効果音を集めたCD『鉄腕アトム／音の世界』（一九九八年発売）も聞きたくなります。

『劇場版 機動戦士ガンダムⅠ／特別版』（二〇〇〇）
『劇場版 機動戦士ガンダムⅡ 哀・戦士篇／特別版』（二〇〇〇）
『劇場版 機動戦士ガンダムⅢ めぐりあい宇宙編／特別版』（二〇〇〇）

『機動戦士ガンダム』ほど、さまざまな音響演出が施された作品はなかなかありません。劇場版三部作の「特別版」は、5・1チャンネル化を目的に、二人の音響監督（第1作：鶴岡陽太、第2作・第3作：百瀬慶一）が新たに音響演出を施したバージョン。オリジナルの劇場版の音響演出に馴染んだファンにとっては違和感が勝るバージョンですが、同じ映像でも音響演出が変わることで、どれぐらい印象が変わるかを実感できる格好のサンプルになっています。なお『機動戦士ガンダム』はテレビ版に加え、映画版（オリジナル）、特別版、ドルビーアトモス版（オリジナル音源をアトモス化）とさまざまなフォーマットが存在するので、同じシーンを聴き比べると興味深いです。

『BLAME!』(二〇一七)

瀬下寛之監督による、アニメ初のドルビーアトモス作品。本作を皮切りに、アニメにおいてもドルビーアトモス(あるいはドルビーシネマ)作品が登場するようになりました。

『明田川進の「音物語」』(アニメハック)

本書にも登場いただいた音響監督・明田川進氏が自らの仕事を振り返るほか、音響にまつわる諸事を語るWEB連載。編集者による聞き書きで、アニメの音響に関する貴重なオーラルヒストリーとなっています。

https://anime.eiga.com/news/column/aketagawa_oto/

『すごい!アニメの音づくりの現場』(ハイパーボイス監修、二〇〇七、雷鳥社)

音響監督など十二名のインタビュー集。数少ない本書の類書です。

企画・取材

藤津亮太　Ryota Fujitsu

ふじつ・りょうた／一九六八年生まれ。アニメ評論家。新聞記者、週刊誌編集を経て、二〇〇〇年よりアニメ関連の原稿を本格的に書き始める。現在は雑誌、パンフレット、WEBなどで執筆を手掛ける。主な著書に『増補改訂版「アニメ評論家」宣言』（筑摩書房）、『ぼくらがアニメを見る理由―2010年代アニメ時評』（フィルムアート社）、『アニメと戦争』（日本評論社）、『アニメの輪郭：主題・作家・手法をめぐって』（青土社）などがある。アニメ！アニメ！にて「アニメの門V」を連載中。ラジオ「TOROアニメーション総研」レギュラー。東京工芸大学非常勤講師。

執筆

一野大悟　Daigo Ichino

いちの・だいご／一九八七年生まれ。アニメライター。一般企業に勤務するかたわら二〇一三年にアニメソングDJとしてのキャリアをスタート。二〇二〇年に一般企業退職にあわせてアニメ関連の原稿執筆を開始。ライターとして取材などを行うと共に、WEB媒体の編集も行っている。

執筆

細川洋平　Yohei Hosokawa

ほそかわ・ようへい／ライター、劇作家、演出家。演劇活動のかたわら、宣伝会議上級ライター講座を経て二〇一二年より雑誌やWEB媒体など、複数のアニメメディアで取材原稿を執筆開始。月刊ニュータイプやFebri、ムック、パンフレットやパッケージ付属ブックレットなどに関わる。

制作協力（敬称略・順不同）

取材に応じていただいた音響監督・声優・作曲家の皆さまとご協力をいただいた以下の方々に心より感謝申し上げます

杉山好美、椎原操志（有限会社楽音舎）
松波亜梨朱（株式会社マジックカプセル）
有馬加奈子、碓井順（有限会社サウンドチーム・ドンファン）
柳澤八千代（株式会社尾木プロ THE NEXT）
中島朋子（有限会社テクノサウンド）
田中A修治（株式会社ヴィムス）
森康哲（株式会社HIGHWAY STAR）
岩瀬智彦（株式会社エイベックス・アニメーションレーベルズ）
岡島隆敏（株式会社カラー）
五所光太郎（株式会社エイガ・ドット・コム）

「青の祓魔師」製作委員会
株式会社ポニーキャニオン
株式会社アニプレックス
株式会社バンダイナムコフィルムワークス
株式会社カラー
株式会社エイベックス・アニメーションレーベルズ
株式会社フジテレビジョン
株式会社レベルファイブ
株式会社電通アニメソリューションズ

アニメ音響の魔法
音響監督が語る、音づくりのすべて

二〇二五年二月十五日　初版第一刷発行

企画・取材
藤津亮太

協力
鶴岡陽太

執筆
一野大悟、細川洋平

デザイン
杉山峻輔［mimoid inc.］

デザインアシスタント
桑田亜由子

写真
金沢康行（口絵、#0）

編集
松岡優

印刷・製本
シナノ印刷株式会社

発行人
上原哲郎

発行所
株式会社ビー・エヌ・エヌ

〒150-0022
東京都渋谷区恵比寿南一丁目20番6号
Fax：03-5725-1511
E-mail：info@bnn.co.jp
www.bnn.co.jp

ISBN978-4-8025-1284-8
Printed in Japan